泸州港建设现代航运中心

LUZHOUGANG JIANSHE XIANDAI HANGYUN ZHONGXIN

发展路径研究

FAZHAN LUJING YANJIU

刘海月◎著

 四川大学出版社

责任编辑:杨　果
责任校对:龚娇梅
封面设计:璞信文化
责任印制:王　炜

图书在版编目(CIP)数据

泸州港建设现代航运中心发展路径研究 / 刘海月著.
—成都:四川大学出版社,2018.4
ISBN 978-7-5690-1772-4

Ⅰ.①泸… Ⅱ.①刘… Ⅲ.①航运中心-建设-研究
-泸州 Ⅳ.①F552.771.3

中国版本图书馆 CIP 数据核字(2018)第 075870 号

书　名	泸州港建设现代航运中心发展路径研究	
著　者	刘海月	
出　版	四川大学出版社	
地　址	成都市一环路南一段 24 号 (610065)	
发　行	四川大学出版社	
书　号	ISBN 978-7-5690-1772-4	
印　刷	郫县犀浦印刷厂	
成品尺寸	170 mm×240 mm	
印　张	11.25	
字　数	213 千字	
版　次	2018 年 4 月第 1 版	
印　次	2018 年 4 月第 1 次印刷	
定　价	48.00 元	

◆ 读者邮购本书,请与本社发行科联系。
　电话:(028)85408408/(028)85401670/
　(028)85408023　邮政编码:610065
◆ 本社图书如有印装质量问题,请
　寄回出版社调换。
◆ 网址:http://www.scupress.net

目　录

1　导论 …………………………………………………………（1）

1.1　国际航运中心形成条件的理论研究综述 ………………（3）

1.2　国内外针对现代航运中心功能和竞争力评价的探讨 …（4）

1.3　国内外针对现代航运中心影响力与发展模式的探讨 …（4）

1.4　国内对现代航运中心航运服务软实力的研究 …………（5）

1.5　国内外关于内河航运中心发展路径的研究 ……………（6）

2　全省一体化物流体系下泸州港发展的内外部环境分析 ………（8）

2.1　四川省一体化物流体系框架概述 ………………………（8）

2.1.1　四川物流业发展现状 ……………………………（8）

2.1.2　四川物流业发展的政策机遇分析 ………………（10）

2.2　四川省一体化物流规划中的泸州港定位 ………………（13）

2.2.1　战略定位 …………………………………………（14）

2.2.2　战略目标 …………………………………………（15）

2.3　泸州港发展的内外部环境分析 …………………………（16）

2.3.1　泸州港的政策环境分析 …………………………（16）

2.3.2　泸州港的区位条件分析 …………………………（18）

2.3.3　泸州港依托的社会经济基础分析 ………………（20）

2.3.4　泸州港面临的外部竞争分析 ……………………（25）

2.3.5　对外合作情况 ……………………………………（29）

2.3.6　泸州港的基础条件设施分析 ……………………（30）

2.3.7　泸州港的集疏运条件分析 ………………………（32）

2.3.8　泸州港的航运市场分析 …………………………（33）

2.3.9　泸州港的人才储备分析 …………………………（34）

3 泸州港现代航运中心的发展路径 ……………………………（35）
　3.1 现代航运中心的发展机理与发展模式 ……………（35）
　3.2 港口城市群聚集架构——"泸州中心"的体现 …………（42）
　3.3 港口合作——国内与国际合作并行 ………………（48）
　3.4 港口航运市场培育——物流配套与产业布局 …………（55）
　3.5 港城互动——以港兴城 ……………………………（58）
　3.6 绿色智慧港口——航运综合信息服务 ………………（62）
　3.7 国际贸易大宗商品与消费品集散中心——区域性商贸物流中心
　　　 …………………………………………………………（65）

4 泸州港现代航运中心平台建设 ……………………（69）
　4.1 物流运输平台 ……………………………………（69）
　　4.1.1 铁水联运 ………………………………………（69）
　　4.1.2 公水联运 ………………………………………（71）
　　4.1.3 水水中转 ………………………………………（74）
　　4.1.4 泸州港临港物流园区 …………………………（76）
　4.2 航运信息综合平台 ………………………………（79）
　　4.2.1 泸州市港口物流信息平台功能需求分析 ………（79）
　　4.2.2 港口物流信息共享平台的体系结构设计 ………（80）
　　4.2.3 港口物流信息共享平台实现的功能设计 ………（81）
　　4.2.4 泸州港口物流信息共享平台的搭建 ……………（83）
　4.3 航运金融平台 ……………………………………（85）
　　4.3.1 航运金融平台的功能 …………………………（86）
　　4.3.2 航运金融平台涉及的建设主体及作用 …………（91）
　4.4 跨境电子商务平台 ………………………………（94）
　　4.4.1 泸州发展跨境电子商务的意义和价值 …………（94）
　　4.4.2 跨境电子商务平台现状 ………………………（95）
　　4.4.3 上线产品分析 …………………………………（102）
　　4.4.4 跨境电子商务平台搭建 ………………………（106）

5 泸州港现代航运中心保障体系建设 …………………（114）
　5.1 政策保障 …………………………………………（114）
　5.2 人才保障 …………………………………………（119）
　5.3 后援服务保障 ……………………………………（122）

5.4 法务保障 ·· (123)

5.5 营销保障 ·· (125)

附录一 发展泸州港保税物流中心（B型）的建议 ··············· (128)

附录二 看国外如何建设沿江沿河经济带 ······················ (137)

附录三 国务院关于依托黄金水道推动长江经济带发展的指导意见 ······ (142)

附录四 物流业发展中长期规划（2014—2020 年） ················ (155)

参考文献 ··· (171)

1 导论

港口是国民经济和社会发展的重要基础设施，口岸是开放合作的门户和窗口。在经济全球化的背景下，随着综合物流时代的到来，我国的港口经济正处于重要的发展机遇期，充分依托港口与港口城市内陆和海外双向经济腹地，发挥港城龙头带头作用，可以实现沿海与内陆、陆地经济与海洋经济交流合作和融合发展。当前和今后一段时期，我国对外开放战略正从沿海向内陆延伸，区域发展正从依托外需市场向依托内需和外需市场并重转变，扩大西向开放、重新构筑丝绸之路经济带成为我国开放发展的大趋势、大战略。国家在《依托长江黄金水道打造中国经济升级版支撑带》的研究报告中曾明确指出，支持长江下游制造业向上游资源产地和市场腹地转移，鼓励上下游之间形成优势互补、分工协作的产业格局。发挥好港口经济要素聚集、扩散、辐射和配置效益，对于承接产业转移、打造综合物流中心、加快区域发展有着重大而深远的意义。

四川省地处长江经济带与南北丝绸之路经济带的接合部，是沟通长江经济带和南北丝绸之路经济带的战略纽带，发挥着承南接北、通东达西的枢纽作用，是我国西部大开发战略的前沿。同时，四川是人口大省和经济大省，近年来工业大省地位不断巩固，农业综合效益大幅提高，服务业发展质量不断提升，自然资源丰富，科教优势突出，劳动力市场广阔，这些决定了四川是接纳和吸收长江下游制造业向上游资源产地和市场腹地转移的理想之地。

而泸州港是川内第一大港，在地理位置上，地处川南交通要道，并与滇黔渝三省（市）接壤，是四川乃至西部地区东进长江上海自贸区，南下泛珠三角区域出海，西联云南桥头堡的便捷通道，具有构建沿江发展轴和向西开放中印缅孟经济走廊的重要节点城市和商贸物流中心的地理优势；在基础设施建设上，拥有完整的港口装卸作业专用设施设备，铁、公、水、空综合立体交通网络，在西部地区具有无可比拟的集疏运优势；在经济辐射范围上，直接经济腹地包括成德绵经济区、川南经济区及川西地区，间接经济腹地包括滇东、黔北以及陕甘藏青等几省的部分地区，2013年该区域GDP总额超过11958亿元，占去年四川省26260亿元GDP的约46%。抓住国家依托长江建设中国经济升级版支撑带战略的重要机遇，将泸州港打造成为区域合作的现代航运中心，必将有力推进长江经济带开发建设，也为我省构建西部物流中心，推动我省由经济大省向经济强省，由总体小康向全面小康跨越奠定基础。

虽然泸州港有着得天独厚的地理优势与国家扩大西向开放、重新构筑丝绸之路的战略机遇，但想要打造成川滇黔现代航运中心，成为西南地区新的集疏运中心，目前看来，还有很大的困难。

（1）通道建设不能适应物流发展要求。长江干支流航道通航能力不高，港口规模化、专业化、现代化水平较低，港口布局不合理，发展不均衡，集疏运体系不完善，对临港及腹地的带动辐射作用不强；公路路网结构不合理，出川通道还需进一步完善；铁路建设仍需加快，"断头铁路"成为交通发展瓶颈，铁路等级不高，铁路客运一直未开通。

（2）物流业服务经济发展的效能有待增强。泸州市物流正由传统物流向现代物流、企业物流向社会物流、城市物流向区域物流转型升级，物流业整体仍处于产业链中低端，高端物流匮乏，社会物流成本偏高、物流效率偏低的问题仍然比较突出。

（3）物流行业信息化建设水平相对滞后。尽管泸州市物流公共信息平台初步建成，但其功能还亟待完善。大部分物流企业的业务流程中，普遍存在信息化、自动化程度不高的问题，计算机网络系统、卫星定位系统等信息技术，条形码技术、射频识别技术、地理信息系统等先进物流技术还未在企业中得到广泛运用，满足客户物流服务需求的能力还需提高。

（4）物流园区建设滞后。目前泸州市现有物流园区多数是单个企业自用物流园区，园区资源共享程度较低，规模化平台化运营的优势没有充分体现。缺少与交通枢纽配套的港口综合物流园区、城市配送物流园区、分拨配送中心，与现代物流体系的要求有一定距离。

（5）物流指标体系不完善。数据指标分散、收集难，物流产业对全市经济贡献度反映不充分。物流业指标数据不能充分反映全市物流业发展水平。

（6）港口物流发展促进经济整体发展的意识有待深化。还没有充分发挥港口物流发展对区域发展的强大聚焦效应，在港区规划、管理体制、基础设施建设、产业培育、人才队伍建设等方面还没有"跳出港口看港口"，实现"以港促产、以产兴城、港产城一体、港园城共生"的任务仍然艰巨复杂。

近些年来，随着第三产业的发展，尤其是物流业的快速发展，国内外对于现代航运中心的研究已经取得阶段性成果。总体来看，有关现代航运中心的研究包括三个层次：一是针对现代航运中心的理论研究，如现代航运中心的概念和内涵、现代航运中心分类与发展模式、现代航运中心的空间演变、现代航运中心的功能、现代航运中心的形成条件等，研究具有宏观性、规律性和指导性。二是针对现代航运中心的实务研究，如现代国外国际航运中心的具体运作介绍分析，特定现代航运中心或是特定区域国际航运中心的整体规划、特定国际航运中心发展战略与发展战略规划等，研究具有指向性、具体性和实践性。三是针对与现代航运中心直接相关的其他问题研究，包括枢纽港口与港口群、交通运输网络体系、临港产业、港口城市等，尤其是有关港口特别是枢纽港的研究，从中探讨现代航运中心的部分理论与实践问题，具有针对性和间接性。总体上说，目前我国现代航运中心的研究大都结合特定的政府规划或相关发展战略而展开，但是针对内河航运中心的研究则相对较少，研究内河航运对城市发展的影响则少之又少。另外，我国航运中心建设偏重于港航基础设施建设，而在航运服务方面的研究则相对不足。下面将针对国内外现代航运中心的相关理论研究、国内外内河航运中心发展路径的研究等方面进行综述。

1.1 国际航运中心形成条件的理论研究综述

方修宁（2003）在《上海国际航运中心港口布局规划》中通过对知名国际航运中心的分析，得出航运中心需具备的条件为强大的运输需求、优越的地理位置、全天候的大型泊位及航道条件和高效的港口运作环境；航运中心的内涵体现为服务对象主要为集装箱运输，主体是集装箱枢纽港，航运中心是促进区域间资金、技术、商品流动的重要机构。段峰（2005）认为国际航运中心必须在航运地位、基础设施、营运水平和软件环境等四个方面达到一定的水平。李俊军、张炳汉（2004）等人认为，航运中心是个历史范畴，其布局和内涵在不断发展和演变中。航运中心应依托港口城市，处于运输的枢纽地位，集商品流、信息流、资金流、人才流于一体，具有服务全球的综合物流功能。另外，韩增林（2003）等人针对集装箱枢纽港形成条件的研究，也直接涉及国际航运中心的形成条件，提出国际集装箱枢纽港的形成条件为强大的腹地经济和港口及集装箱吞吐量规模、优越的港口自然条件、高效完备的港口辅助支持系统、优越的区位优势、港口城市优越的经济和社会条件。K. Dabrowski（1981）指出，在资本主义的市场机制下，航运市场的开放程度不断提高，进而对航运中心产生一定影响。

1.2　国内外针对现代航运中心功能和竞争力评价的探讨

针对现代航运中心的功能，徐杏（2003）主张航运中心应是物流服务中心、商务中心、信息与通信服务中心、现代产业中心、后援服务中心；张捷（2001）和杨建勇（2005）则注意到现代物流对于航运中心的影响，提出港口物流中心是航运中心发展的新趋势；孙光圻（2005）以大连国际航运中心为例，提出航运中心具有国际运输与物流、生产与加工、海事咨询与服务、信息交换与服务、国际金融与财务、人才交流服务六大功能。上述研究都注意到现代航运中心与其他经济中心的关系，并从不同角度对现代航运中心的功能进行了较为全面的分析与归纳；但是有关功能划分随意性较强，缺少从城市功能角度的分析与研究，因而缺乏逻辑的严密性与合理性，同时难以获得实证的支持。航运中心作为一个有机体，其功能同样处于不断的发展与变化中。联合国贸发会议《第三代港口的港口市场和挑战》以及贸发会议秘书处《港口的发展和改善港口的现代化管理与组织原则》等研究报告提出，港口发展可分为1960年以前的第一阶段、1960—1980年的第二阶段和1980年后的第三阶段，在功能上分别为海洋和腹地运输的传统连接点、运输和生产中心以及国际贸易基地与物流系统的枢纽平台。联合国贸发会议的上述研究影响较大，国内针对航运中心功能演变的研究大都采用这一时间段标准进行断代，在功能概括上有所差异。1999年，联合国贸易与发展会议又提出第四代港口的概念。其处理的货物主要是集装箱，发展策略是港航联盟与港际联盟，生产特性是整合性物流，成败关键是决策、管理、推广、训练等软因素。具有大型化、深水化、专业化的航道与码头设施，密集的全球性国际直达干线，内外便捷联结全球的公共信息平台，是第四代港口最主要的特征之一。

1.3　国内外针对现代航运中心影响力与发展模式的探讨

宋炳良（2004）针对港口内陆空间通达性对国际航运中心建设的影响进行了研究；文献针对特定区域港口的集装箱运输体系的形成与发展进行了研究，其中部分涉及集装箱港口的动力及演化问题；文献针对政府或港口管理当局在港口群形成或枢纽港的演变中所起到的作用进行了探讨。这些研究都从不同侧面涉及国际航运中心及其枢纽港口的形成与运行机制问题。另外，产业经济学、运输经济学和经济地理学的相关研究成果也从更广泛的角度探讨了运输枢纽的形成与运行机理。肯尼思·巴顿（2001）对运输与经济区位的关系、运输业的规模经济和范围经济等内容进行了深入讨论。藤田昌久（2005）运用空间经济学的方法对港口和交通枢纽易于成为城市中心的原因进行了经济学的解释，并指出由于港口作为运输成本曲线的一个极值点，会吸引人才汇集于此，吸引新办企业选址于此，因此大城市很可能就是枢纽港口。荣朝和（1993）分析了运输业的规模经济、范围经济、幅员经济和密度经济之间的相互关系，并针对其具体表现进行了概括。Leonardo J. Basso 和 Sergio R. Jara Diaz（2005）对航空运输业进行运输成本分析，研究了航空港和航空公司的空间网络扩张所带来的经济效益问题，其中对网络效益的分析值得海运领域关注和借鉴。谢永琴（2006）分析了规模经济与现代城市的形成之间的关系，指出由于空间成本的存在，为了节省交易费用，产生规模经济，企业必须趋向于向中心企业群集，使得现代化城市得以产生，这对研究航运中心城市的形成有很大的借鉴作用。总而言之，目前我国现代航运中心的研究大都结合特定的政府规划或相关发展战略而展开，泸州港现代航运中心也是如此，有了一定的前期规划，但是针对航运中心的运营管理、发展模式以及发展路径的研究还没有涉猎。因此，通过对泸州港现代航运中心发展路径的研究，可以提升中心的运营管理水平，指导中心向集生产一体化、资本一体化、技术一体化、信息一体化、市场一体化等的现代航运中心靠拢。

1.4　国内对现代航运中心航运服务软实力的研究

董岗（2009）从全球生产网络、经济贸易、信息通信技术以及产业集聚等方面分析了英国航运业与伦敦国际航运中心的关系与经济贡献，进而提出了国际航运服务中心和国际航运中心各自的形成机制、演变规律及发展方向。吴向阳（2011）指出，尽管上海国际航运中心的硬件建设的空间和格局已经明朗化，但上海在软环境方面的建设相对滞后，通过与伦敦国际航运中心软硬环境的对比，借鉴伦敦国际航运中心的成功经验，能够指导上海国际航运中心的建设。吴文斌（2010）分析了上海在航运中心建设和航运金融发展方面存在的问题，并对发展航运金融推进上海国际航运中心建设提出了思考和建议。边汉坤（2014）以天津市为例，指出我国的航运服务产业链主要集中在货运代理、船舶代理等下游附加值较低的环节，在船价评估、海事法律等高端环节仍很薄弱。梁叶（2010）则主要强调了航运保险业对建设上海国际航运中心的重要作用。周桃燕（2003）则主要研究了航运保险经纪人的相关内容。宋春雪（2011）指出了上海国际航运中心的人才缺口及其原因和简要对策。高洁、真虹等（2009）基于模糊综合评判方法，用该评价指标体系对上海、香港、新加坡和伦敦等四个航运中心人才的集聚水平进行比较，发现上海国际航运人才与境外航运中心的差距并探讨原因，提出上海国际航运中心人才集聚的建议。何力（2009）指出通过海关国际合作，充分发挥海关的服务职能，实行体制创新，是与其他国际航运中心争夺国际航运市场成功的关键。

1.5 国内外关于内河航运中心发展路径的研究

内河航运具有运量大、低能耗、利环保、占地少等优势，近年来在我国逐步得到各级政府的重视。2011 年 3 月 1 日，国务院颁布了《关于加快长江等内河水运发展的意见》，标志着长江等内河航运的发展上升为国家战略，内河航运迎来加快发展的历史性战略机遇。而在欧美国家，内河航运作为区域开放开发的重要战略资源，一直受到管理当局的高度重视。以德国美茵—多瑙运河为例，从 1960 年开始改建，历时 32 年，最终建成等级为 5b 级的航道，船舶平均吨位达到 1670 吨/艘。陈虹（2008）认为，德国政府对内河航道建设事业高度重视，增加水运基础设施建设投资，加强航运信息化管理，全面提高航道、船闸的通过能力。相比之下，上海港航道在硬实力上亟须加强以适应实际需求。贺晓春、黄勤（2009）认为，在内河开发中政府发挥绝对主导作用是各国普遍一致的做法，如美国成立陆军工程兵团，德国联邦政府负责航道规划、建设、养护和管理等，把内河航道作为国家的公共基础设施。对比欧美内河航运开发的历程，他们认为四川省肩负着大规模航道整治与实现现代化的双重任务。于敏、牛文彬（2012）认为，要实现内河航运中心的建设目标，首先需要政府统筹多种运输方式，优化网络布局，创新融资模式；其次要优化市场环境，政府着重完善市场规则，避免不必要的行政干预。然而，这种偏重初期的政府投资行为的路径，在后续的发展道路上如何继续推进，是一个值得思考的问题。因此，潘同浩、蒋惠园（2013）认为，在航运中心的建设初期，政府主导投资会使港口在政府主导难以为继、市场又没有朝既定方向发展时无所适从。要想实现可持续的发展，应该从市场的角度出发，注重航运交易平台、航运服务产业链、航运资本运作，而港口运输只是航运中心的基础部分。

　　国内外的研究表明，港口物流经济的发展以及现代国际航运中心的出现不仅对其所在的城市经济产生巨大的推动作用，而且能带动周围地区及腹地经济的发展。可以说，现代国际航运中心的形成和发展，已成为带动区域经济发展的核心战略资源。因此现代国际航运中心的科学规划、合理的发展路径、高效的运营就显得尤为重要。在全省物流一体化框架下研究以泸州港为依托的区域型现代航运物流中心的发展路径显得极为迫切，更为重要。

2 全省一体化物流体系下泸州港
发展的内外部环境分析

2.1 四川省一体化物流体系框架概述

物流业是重要的复合型服务业，是支撑和推动国民经济发展的基础性产业。大力发展物流业，建立和完善现代物流服务体系，是我省"十二五"期间及未来一个时期的重大战略选择，对于促进产业结构调整、转变经济发展方式和提高经济运行效率具有十分重要的意义。《四川省物流业发展中长期规划（2013—2020年）》中指出，到2020年，全省物流业保持平稳快速增长，物流装备和运行的现代化水平明显提高，物流园区支撑体系健全，形成以国家A级龙头骨干企业为引领，中小企业联盟为主体，小微企业为补充的发展格局。全省物流费用与GDP的比值与全国基本持平，西部物流中心地位更加巩固。

2.1.1 四川物流业发展现状

近年来，我省物流业实现较快增长，物流服务水平大幅提升。物流产业已形成较大规模。2013年四川省交通运输仓储和邮政业增加值为751.55亿元，较上年增长6.27%，保持平稳增长，如图2-1。物流业运营主体加快发展。全省已拥有国家A级物流企业96家，居中西部前列，聚集外资物流企业40多家、国内大型物流企业30多家。以铁路干线、高速公路、国省道公路为主导，航空和水运为辅助的综合交通运输体系已基本形成，已建成了包括7条铁路、13条高速公路和1条水运通道的21条进出川通道。截至2014年，四川省铁路营业里程0.39万公里，内河航道里程1.2万公里，高速等级公路里程0.55万公里，如图2-2；铁路货运量12279.07万吨，水路货运量8361万吨，公路货运量17.33亿吨，如图2-3。依托重要交通干线、中心城市和产业聚集地，已初步形成成都、川南、川东北三大物流区域。成都国际航空物流园区、青白江铁路集装箱物流园区、新都物流中心、遂宁中国西部现代物流港、南充现代物流园区等各具特色的物流集聚区相继建成，支撑西部物流中心的物流园区体系基本形成。传统运输业、仓储业加速向现代物流业转型，冷链物流、粮食现代物流、电商物流、国际物流等加快发展，物流业的整体服务能力明显增强。条码技术、射频识别技术、物联网等正在被越来越多的企业应用，四川物流公共信息平台已形成（图2-4），物流标准化试点工作全面展开，物流现代化水平大幅提升。

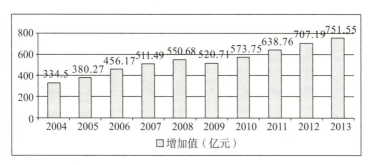

图2-1 四川省交通运输、仓储和邮政业增加值

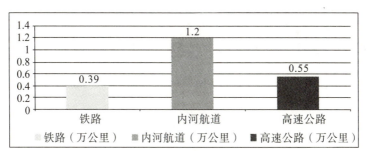

图2-2 四川省铁路、水路和高速公路里程

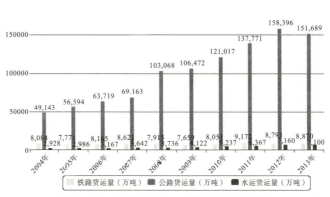

图2-3 四川省铁路、水路和公路货运量

图 2-4 四川省公共信息平台

2.1.2 四川物流业发展的政策机遇分析

国家实施"丝绸之路经济带""依托长江建设中国经济新支撑带"发展战略。省委十届五次会议提出主动适应经济发展新常态,深入实施多点多极支撑、"两化"互动和城乡统筹、创新驱动三大发展战略,认真落实长江经济带发展的实施意见和工作方案,大力发展临港经济,加快发展现代物流等先导性服务业,促进区域协调发展、协同发展、共同发展,这些为我省物流业以及港口经济发展带来了难得的发展机遇,如图 2-5。

图 2-5 四川省物流业发展战略

（1）多点多极支撑发展战略对物流格局产生根本性的影响。一方面,促进物流形成多极发展的局面。另一方面,在多点多极支撑的物流网络布局下,实现资源的集约配置,有效提高物流效率和降低物流成本,增强我省产业竞争能力。泸（州）—宜（宾）物流增长极、达（州）—南（充）物流增长极、攀（枝花）—西（昌）物流增长极（见图2-6），这三个物流增长极必将给四川现代化物流带来新的高度。

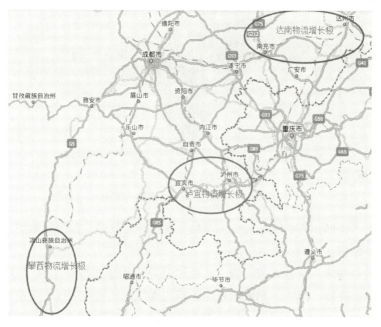

图2-6　四川省未来物流增长极

未来成都物流枢纽的核心地位也将得到进一步巩固。利用成都陆空结合的交通主枢纽优势和特大城市的经济功能，依托国际航空枢纽和天府新区建设，全面推进成都核心物流枢纽建设。

（2）"两化"互动、城乡统筹发展战略促进物流业进一步集聚。新型工业化的推进，将促进大宗商品和原材料大规模流动，形成新的物流集群。新型城镇化的推进，使资源优化配置、人力资源集中和市场需求增大，将促进物流业集聚区形成。城乡统筹发展，将进一步促进农产品进城和农资、日用工业品下乡，促进农产品物流配送体系的构建。

（3）创新驱动战略加快物流业现代化步伐。创新驱动是加快转变经济发展方式的中心环节。物联网技术引领的新一轮物流技术革命，物流装备技术的加快应用，将有效提升物流产业发展水平。按照分工协作的原则，剥离和外包物流功能，企业内部的物流社会化，将大幅降低物流成本，提高物流资源配置效率。

未来四川省的一体化物流网络体系将更加完善。在全省范围内将建设50

个物流节点，其中区域辐射型物流节点 10 个，产业配套型物流节点 10 个，交通运输型物流节点 21 个，商贸服务型物流节点 9 个（见图 2-7）。

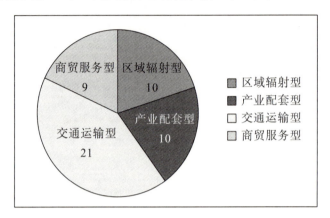

图 2-7 四川省未来物流节点类型

同时未来四川省的交通运输体系将更加便捷，铁路、公路、航空和水路建设进一步加强。

①铁路物流：依托宝成、成兰、兰渝铁路，形成连接新丝绸之路的捷径。依托成昆、隆黄、内六、昭攀丽铁路，形成连接珠三角经济区、云南桥头堡和东南亚、南亚的大能力通道；依托川青、川藏、成都至西宁铁路，开辟连接西藏和西北地区，并延伸至南亚次大陆的通道；到 2020 年，全省铁路营运里程将达到 6960 公里，进出川通道增至 18 条以上；铁路货运基本满足需要。

②公路物流：依托主干线、干线、支线相连接、高效便捷的公路交通网络，实现与重大产业基地、中心城镇、交通枢纽和口岸的相互连通；推广"公路港"物流模式，构建多式联运和公路物流有机衔接的综合交通枢纽。

③航空物流：围绕"一核心、四枢纽、多支点"的空港布局，以成都建设国际航空物流主枢纽为核心，以绵阳、泸州、攀枝花和达州机场为区域物流次枢纽，以宜宾、乐山、南充、西昌、广元机场为支点，构建覆盖西南、辐射全国、跨越洲际的航空物流体系。

④水运物流：围绕"四江六港"水运通道，依托泸州、宜宾、乐山和广安、南充、广元港口，发展港口物流，全面提升进出川水运能力和内河港口货运吞吐能力；到 2020 年，泸州—宜宾—乐山港口群货物吞吐量突破 0.8 亿吨，集装箱吞吐量突破 316 万标箱；广安—南充—广元港口群货物吞吐量突破 0.3 亿吨，集装箱吞吐量突破 74 万标箱。

2.2 四川省一体化物流规划中的泸州港定位

总体来看，水运板块在四川省整体物流构成中比例最小。发展水运是目前四川省降低平均物流成本，打造西部现代物流中心的重点，也是四川省扩大开放，促进多极多点支撑发展的重要环节。泸州港作为四川省第一大港、四川省对外开放的桥头堡，其在四川省一体化物流中具有举足轻重的地位。2014年泸州港在四川省物流体系中的重要程度得到进一步凸显。从运输方式来看，2014年四川省水运货物运输总量达到8361万吨，占货物运输总量的31%，如图2-8；2014年泸州港货物吞吐量达到3134万吨，占四川省水运货运总量的50%，如图2-9；其中集装箱吞吐量达到284740标箱，占四川省集装箱吞吐量的72%，如图2-10。预计到2020年泸州港货物吞吐量总规模将发展到4600万吨，2030年发展到7300万吨。其中集装箱吞吐量可望达到100万标箱和260万标箱。

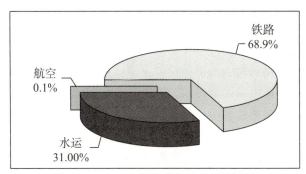

图 2-8　2014 年四川省物流货运量统计

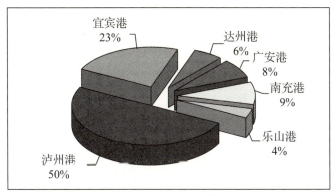

图 2-9　2014 年四川省水运货物总量占比

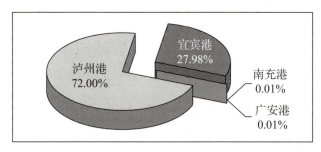

图 2-10 2014 年四川省集装箱运输量货运统计

数据来源：四川省物流办公室。

综合考虑泸州港发展环境和趋势，对其定位如下：举全省之力，以将泸州港建设成为川滇黔区域航运物流中心为目标，将泸州港建设成多式联运物流枢纽、港城联动发展示范中心、国际物流配送集散中心。战略目标是到 2030 年左右，将泸州港发展成为基础设施优良、服务功能完善、服务体系完备，具有较强市场竞争力、区域辐射力、产业支撑力的西部领先、长江沿线一流的现代化水运强港。

2.2.1 战略定位

1. 多式联运物流枢纽

依托港口在基础设施、运输市场等方面已具备的良好基础，进一步通过发展临港物流园区，以港口为节点，加强公路、铁路、空运多种运输方式与其有机衔接，加快泸州与周边省市互联互通，泸州港将成为川滇黔地区集装箱、商品汽车和大宗物资等主要货种的水陆联运、江海联运重要枢纽，成为辐射三省、沟通国内外的区域集装箱运输枢纽港。

充分发挥泸州市在川滇黔区域突出的交通枢纽地位，拓展港口现代物流功能，带动商贸流通发展，为川滇黔区域提供生产资料配送、加工等物流增值服务和信息服务，积极发展第三方、第四方物流，为工业生产、城市生活提供高效率、低成本现代物流服务，使泸州港成为支撑泸州市经济社会发展、适应川滇黔运输需求的区域现代物流体系中心。

2. 港城联动发展示范

继承和发扬泸州市因港而兴的历史传统，进一步优化港口结构，合理布局，走港产城一体化发展道路，推动泸州市工业化、城镇化"两化"互动发展战略，实现泸州构建川滇黔区域中心城市战略目标。未来，港口将与泸州—宜宾—遵义"白酒金三角"、成都—泸州—武汉"长江中上游物流通道示范带"

等共同组成泸州的城市名片。

3. 国际物流配送集散中心

依托泸州港港口，充分发挥长江水运优势，降低物流成本，开辟泸州港到世界各地的直航航线，使泸州港真正成为国际物流的集散和配送中心。依托泸州港物流运输平台，发挥多式联运运输优势，吸引经济腹地货源。完善泸州港信息化平台，整合港区物流信息资源，提高信息沟通效率，助力泸州港物流效率提升，使泸州港真正成为区域物流集散中心。大力发展航运金融，重点发挥金融融资功能，加速区域资金周转，开创泸州港创新发展新路径。

2.2.2 战略目标

1. 布局合理、结构优化的基础设施体系

长江干线泸州段航道等级达到一级标准，主要支流航道等级达到四级及以上标准，形成干支衔接的航道体系。建成川滇黔地区规模最大的区域性集装箱枢纽港。形成沟通川滇黔三省腹地的铁路、公路等集疏运体系。

2. 功能完善、体系完备的口岸及信息服务平台

建成集电子口岸、物流信息、公共服务于一体的港口综合信息服务平台，有效沟通本地与国内外港航企业、政府部门。进一步降低运输成本，提高港口使用效率。行业信息化水平达到内河主要港口先进水平。建成一类水运口岸和粮食指定进口口岸。完善"泸州购"等电商平台，初步建成跨境电子商务市场。

3. 多式联运、江海联运的航运物流服务体系

建成川滇黔地区最具影响力的港口物流园区。形成覆盖长江沿线主要港口的航线网络。培育具有较强市场竞争力的航运龙头企业。

4. 产业支撑有力、区域辐射广阔的长江上游现代航运中心

依托经济腹地发展，建成具有区域影响力的长江上游现代航运中心。壮大临港工业，实现临港产业集群化发展，延伸产业链条，重点打造食品加工、化工、机械以及新能源四大支撑产业，实现港口、城市、产业良性互动、相互支撑、跨越发展。

2.3 泸州港发展的内外部环境分析

2.3.1 泸州港的政策环境分析

港口物流作为内陆城市新的经济增长点，在区域经济发展过程中占据着重要的地位。长江干线是世界上运量最大、运输最繁忙的通航河流，对促进流域经济协调发展发挥了重要作用。从国内外先进内河港口物流发展的经验看，港口物流发展的初期需要政府予以必要的鼓励和扶持，如规划定位、基础设施建设、税费减免、信息化支持、产业培育等。通过优惠的政策、高效的服务、良好的基础措施和健全的法制环境，培育壮大港口物流市场。

现阶段，国内几大内河港口城市将现代物流业定位为本地区的支柱性产业，从政策上对其进行扶持，以南京、重庆、武汉、杭州四个同属长江经济带的内河港口城市为例，对支持当地的现代物流业发展的主要政策进行比较研究，找出其中值得泸州港学习借鉴的政策，并对所存在的差异进行分析，从而为营造最适合泸州港发展的政策环境奠定基础。

1. 国内先进内河港口政策借鉴（见表2-1）

表2-1 重点港口城市以及泸州主要物流政策出台情况一览表

城市名称	主要政策出台情况
重庆市	(1)《重庆市促进现代物流业发展政策的实施意见》，包括土地政策、税收政策、规费政策等共计24条。 (2) 出台水运发展优惠扶持政策，包括减免部分营业税，减免航运企业所得税，对部分综保区、保税港区的物流企业予以资助，扩大集装箱运输费优惠范围等。
武汉市	(1)《关于武汉新港建设和管理若干问题的意见》，主要是调整、充实武汉新港规划建设领导小组成员，明确武汉新港管委会的职能职责。 (2)《武汉市引进物流龙头企业总部在汉落户扶持政策》，明确了开办补助、办公用房补助、项目补助、人次引进落户等优惠政策。
南京市	(1) 出台港口自然资源开发利用、基础设施建设、物流企业发展的财税等政策扶持。 (2) 集卡通行费优惠补贴政策。
杭州市	(1)《杭州市人民政府关于进一步加快现代物流业发展的若干意见》，提出了进一步加大财政扶持力度、提供税收优惠、进一步拓展融资渠道3项政策。 (2)《杭州市现代物流发展规划》。

（1）政策比较分析。

①政策共同点。内河港口城市的现代物流政策是政府为了实现本地物流产业的快速发展而采取的各种政策、手段的总称。通过对四大内河港口城市的现代物流扶持政策的比较分析，得出如下的政策共同点：

A. 都是从建立科学的支撑体制入手，理顺本地港口物流发展过程中各行为主体之间的关系，建立统一的领导机构，对本地的港口物流进行统一的研究、规划、协调管理以及出台政策。

B. 都充分体现出了现代物流的理念，即一种将运输、储存、装卸、搬运、包装、流通加工、配送、信息加工等基本功能有机结合的产业。

C. 都是以消除体制性障碍为出发点，按照科学合理的规划安排，分别制定各种具体的扶持政策。在推动港口物流产业快速发展的同时规范港口物流企业的市场行为，保证港口物流产业的健康有序发展，推动其与国际港口物流接轨的进程。

D. 以争取更多货源作为港口的短期目标，同时站在更广阔的政策视野上，将本地港口物流的发展放入区域经济竞争的环境中去考虑。

（2）政策评述。

政策的出台目的都是为了理清发展的方向，遵循"木桶原理"，确保经济发展的轨道不偏、路径最优。从四大内河港口的物流政策来看，都是结合本地发展实际出台的。对港口物流产业来讲，产业政策从土地、财政、税收、人才等多方面对港口物流企业的发展进行扶持，效果较为显著。在港口物流企业发展初期，由于观念薄弱、基础设施落后等现实原因，使得企业处于弱势地位。在这种情况下，出台土地、财税、人才等方面的优惠政策可以显著优化物流企业的经营条件，有利于提高企业的经营管理水平，从而增强其竞争能力，促进产业的健康发展。虽然各地的产业基础、人员观念不尽相同，具体政策也存在差异，但其基本理念都是一致的。

2. 泸州港现行优惠政策

2012 年，四川省人民政府印发《关于加快长江等内河水运发展的实施意见》，对资金、用地、税费、科技信息以及人才队伍建设方面都提出了明确要求，为当前和今后一段时期，发展物流、港口经济提供了重要依据。2014 年，省发改委、财政厅、交通运输厅联合批复，把泸州港高速收费站纳入省内水运港口集装箱车辆标识站，这意味着进出泸州港的集装箱运输车辆高速公路通行费优惠 60%，仅收取 40%。泸州临港产业物流园区管委会出台了《关于进一步促进港口物流发展的意见》，对船公司、货代公司、生产企业及集装箱运输企业等给予大幅奖励补贴。2013年兑现扶持政策资金822万元，2014年安排港口扶持政策资金1800万元，其奖励项目包括直线班轮公司补贴、通道补贴、外贸及进口粮食箱量奖励、货代公司箱量奖励、码头装卸费补贴、"散改集"奖励等多个方面。

2.3.2 泸州港的区位条件分析

泸州市地处川、滇、黔、渝四省市交界区，是《全国物流园区发展规划》中全国布局的99个物流节点城市之一，境内有长江、沱江、赤水河、永宁河等天然河流航道18条，总通航里程1000多公里。其中长江泸州段136公里，约占长江四川段的三分之二。泸州港区位优势突出，是四川公路和水路出川、出海的南大门，同时也是连接成渝经济区和南贵昆经济区的重要枢纽港。

相比宜宾港，泸州港距离成渝经济区两大核心城市——成都和重庆更近，并且已经实现了公铁水多式联运无缝对接，尤其是铁路直通港口堆场，更加凸显了泸州港在长江黄金水道上的物流集散功能。

相比乐山港，泸州港的水运成本要低，其优势显而易见。泸州港目前为三级航道，常年最低通航水位2.7米。枯水期3000吨级和丰水期8000吨级船舶可以昼夜通航。"十二五"期间，长江航道局规划把泸州航道等级提升为二级，"黄金水道"将更显现黄金价值。而乐山港航道——岷江是长江的一级支流，目前为四级航道，全段航道枯水期仅能通行200吨级以下船舶，丰水期也仅能通行3000吨级船舶，这严重地影响了大件运输和区间货物运输的正常进行，同时水运时效和成本也难具优势。

泸州港的通航能力虽然为川内最强，但相比重庆港，在通航条件、能力和港口深水岸线等方面均不占优势。

泸州港、宜宾港、乐山港及重庆港的港口航道条件比较见表2-2。

表2-2 港口航道条件比较

港口	通航条件	通航能力	港口深水岸线
泸州港	长江泸州段138公里，Ⅲ级航道，有夜航条件	枯水期通航3000吨级以下船舶	港口岸线39.5公里，其中长江深水岸线35.5公里
		丰水期通航8000吨级船舶	

续表2-2

港口	通航条件	通航能力	港口深水岸线
宜宾港	长江宜宾段 91 公里，Ⅲ级航道，有夜航条件	枯水期通航 1000 吨级以下船舶	港口岸线 75.7 公里，其中长江深水岸线 43.6 公里
		丰水期通航 5000 吨级船舶	
乐山港	岷江乐山至宜宾 163 公里，Ⅳ级航道，无夜航条件	枯水期通航 200 吨级以下船舶	港口岸线 14.678 公里，岷江下段
		丰水期通航 3000 吨级船舶	
重庆港	坝址至江津羊角滩，全长 674 公里，铜锣峡以下河段航道等级为Ⅰ级	全年可通航万吨级船舶	港口岸线 213.14 公里，其中长江深水岸线 110 公里

2014 年 9 月 25 日，国务院出台了《关于依托黄金水道推动长江经济带发展的指导意见》（简称《意见》）。《意见》将长江经济带定位为具有全球影响力的内河经济带、东中西互动合作的协调发展带、沿海沿江沿边全面推进的对内对外开放带，以及生态文明建设的先行示范带，并且提出将依托黄金水道推动长江经济带发展，打造中国经济新支撑带。泸州港作为出川第一大港，在长江经济带中上承川西、下接重庆，辐射成德绵经济腹地，联系成渝、南桂昆两大经济区，区位优势十分明显，对提升重庆、成都中心城市功能和国际化水平，发挥双引擎带动和支撑作用有着巨大的促进作用（见图 2-11）。

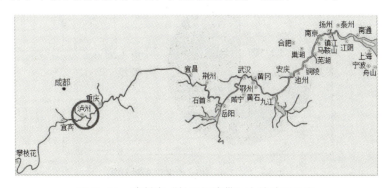

图 2-11　泸州在"长江经济带"中的地理位置

2014 年国家提出要大力推进"一带一路"建设。初步估算，"一带一路"沿线总人口约 44 亿，经济总量约 21 万亿美元，分别约占全球的 63% 和 29%。泸州港位于丝绸之路经济带和长江流域经济带的重合处，更可以此为依托充分发挥其"复合效应"，为"一带一路"建设发挥"互联互通"作用。

2.3.3 泸州港依托的社会经济基础分析

1. 社会经济现状分析

泸州市 2014 年完成地区生产总值 1259.7 亿元,同比增长 11%;规模以上工业增加值增长 12.3%;全社会固定资产投资 1181 亿元,农民人均纯收入 9470 元,增长 12%(见图 2—12、图 2—13)。

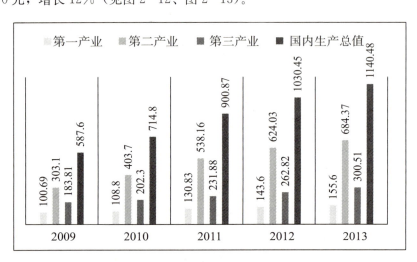

图 2—12 泸州市国民经济和社会发展主要指标(单位:亿元)

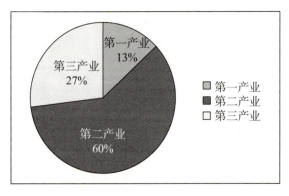

图 2—13 2013 年泸州市产业结构图

2009—2014 年,泸州市国内生产总值逐年稳步提高。较强的经济实力使泸州市有更大的能力进行交通和城市道路建设、产业结构调整、物流园区建设、物流人才培养、信息基础设施建设等工作,为发展现代物流业提供强有力的保障。

（1）农业生产稳步增长。

2014 年，成功举办"泸州优质农产品（北京）展销周活动"。粮食总产量达 198.3 万吨，实现稳中有增。肉类总产量达 34.4 万吨，增长 3.3%。竹林面积达 351 万亩，居全省第一。大力发展特色农业产业，完成 121 个产业化重点项目投资 88.2 亿元。新增省级标准化示范项目 8 个、省级龙头企业 5 家，成功创建为国家现代农业示范区。

（2）工业结构调整步伐加快。

坚持优先发展酒业不动摇，加快调整产品结构，2014 年，全市规模以上酒类制造业增加值增长 12.1%。"工农牌""歪嘴郎""泸小二"等产品销售市场不断拓展。泸州老窖"一园三基地"、中国酒镇·酒庄、郎酒浓香型白酒生产基地、华夏龙窖白酒产业园等项目建设顺利推进。化工、能源、机械产业转型升级取得积极成效。泸州成功列入全国第二批新能源汽车推广应用示范城市。现代医药产业快速发展，成功引进山东步长集团等医药企业 9 家，总投资 70 亿元。全市规模以上医药制造业增加值增长 17.7%。

2013 年，全市规模以上工业增加值 516.3 亿元，比上年增长 11.3%。分轻重工业看，重工业增加值比上年增长 3.4%，轻工业增长 13.8%。分经济类型看，国有企业增加值比上年增长 21.1%，集体企业增长 11.7%，股份制企业增长 11.3%，外商及港澳台商投资企业增长 14.8%，其他经济类型企业增长 6.8%；分重点行业看，全市四大产业实现增加值 439.2 亿元，比上年增长 11.0%，较去年同期回落 7.8 个百分点。其中，酒业实现增加值 356.6 亿元，增长 13.0%；能源行业实现增加值 29.1 亿元，下降 5.2%；化工行业实现增加值 33.8 亿元，增长 5.0%；机械行业实现增加值 19.8 亿元，增长 13.6%。分产品看，重点监测的 28 种产品有 16 种产品产量实现增长。其中，液压元件比上年增长 36.0%，啤酒增长 30.0%，白酒增长 19.1%。

规模以上工业企业主要产品产量如表 2-3 所示。

表 2-3 规模以上工业重点检测的主要产品产量

指标	单位	2013 年	比上年增长（%）
白酒（折 65°·商品量）	万千升	191.61	19.1
啤酒	万千升	7.55	30.0
农用氮、磷、钾化学肥料（折纯）	万吨	50.74	16.1
水泥	万吨	325.69	2.4
烧碱	万吨	6.90	−5.5

指标	单位	2013年	比上年增长（％）
中成药	万吨	0.73	64.6
塑料制品	万吨	14.71	39.8
液压元件	万件	77.42	36.0
发电量	万千瓦时	54.14	−1.1

（3）第三产业发展增速加快。

2014年，全市电子商务实现交易额90亿元，增长39.8％，成功举办"第二届中国（泸州）西南商品博览会"。泸州港保税物流中心（B型）成功获批，泸州水运口岸成为国家第一批进境粮食指定口岸，首批从澳大利亚进口的粮食顺利抵达泸州港，新开通"泸州至南京至韩国"近洋航线。泸州港完成货物吞吐量3134万吨，增长15.8％。其中集装箱吞吐量32万标箱，增长59％；泸州机场通航航线达14条，实现旅客吞吐量71万人次，增长61.6％。成功举办首届中国（泸州）西南商品博览会。银行业金融机构各项存款余额1613亿元，贷款余额920.8亿元，较年初分别增长14.3％和20.1％。加快发展旅游业，实现旅游总收入183.9亿元，增长28.6％。

2015年是"十二五"规划的收官之年，按照泸州市政府工作报告的部署，该年主动适应新常态，主动作为稳增长，抢抓国家建设长江经济带等机遇，坚持"稳中求进、进中求好、好中求快"的工作基调，突出"产业转型发展年"的工作主题，加快建设全国重要区域性综合交通枢纽，加快建设长江上游产业转型升级示范区，加快建设川滇黔渝结合部区域中心城市。

2. 主要产业及现状

泸州资源丰富，工业发达。最大优势的酒业、发展前景最广阔的化工、最有希望的能源、最具有辉煌历史的工程机械等支柱产业为把泸州港建成为以能源、原材料、工业产品和内外贸集装箱运输为主的综合性枢纽港口奠定了坚实的基础。丰富的炭、磷、硫铁矿等矿产资源、旅游业、物流业和现代服务业是泸州港口经济发展的内部支撑。化学工业、工程机械制造业、酿酒等是泸州市的主要产业，目前已经有了比较雄厚的基础（见图2-14）。

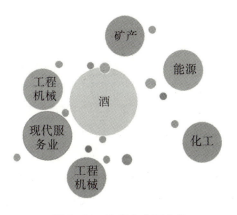

图 2-14　泸州市主要产业

（1）化学工业。

泸州是化工部确定的全国 16 个大化工基地之一，也是化工部规划发展的全国大中小城市 14 个精细化工基地之一，有全国最大的尿素生产基地和全国唯一的"801"产品生产基地，拥有泸天化和川天华等一大批装备精良、技术力量雄厚的大型化工骨干企业。此外，还有综合性化工施工企业、化工研究院、天然气研究所等一批强有力的专业外围支持机构。目前，泸州的化学工业已形成一个具有全国意义的生产、教育、科研、设计、机械和建筑安装六位一体的化工体系。做精现代化工产业，打造全国循环型化工基地，泸州具有得天独厚的条件（见图 2-15）。

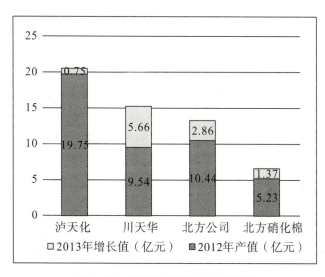

图 2-15　泸州市主要化工企业产值

（2）工程机械制造业。

泸州是全国九大工程机械生产基地之一，是全国高性能液压件制造中心和大中型全液压汽车起重机、挖掘机的制造中心。泸州市以打造港口城市为契机，充分利用泸州市全面建设大型集装箱码头、散货码头的发展机遇，整合泸州工程液压技术和机械制造的产业资源优势，重点发展重型、中型工程机械、机械基础件和汽车零部件。近年来，机械产业步入调整期，为振兴机械装备产业，积极扩大对外开放，促进"三长"等重点机械企业与国内知名机械企业合作，加快机械装备制造业转型升级步伐，确保全市机械装备产业持续快速增长。目前，泸州市机械行业经过四十多年的发展，在全国范围内已形成了较大的比较优势。

（3）酿酒工业。

泸州市酿酒工业历史悠久，被誉为"中国酒城"，固态酿造业自古发达，基础雄厚。泸州以盛产国家名酒"泸州老窖"和"郎酒"驰名中外，是国家名优酒生产基地，举世闻名的酒城。泸州市酿酒业的发展以泸州老窖集团、四川郎酒集团、青岛啤酒（泸州）有限公司等大型企业为龙头，重点建设泸州酒业集中发展区，利用泸酒原产地的港口优势和产业优势，初具规模的 OEM 生产方式和管理经验，以及著名白酒品牌的感召力，重点发展泸州老窖、国窖·1573 和郎酒等知名品牌系列。现已成功打造了酒业集中发展区，发展成为以泸州老窖集团、四川郎酒集团为骨干体系的国家级、省级饮料酒酿造业综合体系。

（4）矿产资源。

泸州矿产资源丰富，其中最丰富的矿产就是煤炭，其次为天然气、硫铁矿等，已发现和探明的矿产达 4 大类 32 种 305 处。无烟煤储量达 69 亿吨，占四川全省的 33％；煤层气储量达 1000 多亿立方米，占全省的 28％；天然气探明储量 650 多亿立方米，占全省的 15％。同时，煤炭、天然气等矿产原料及其化工产品，都属于运量大、运输成本高、生产批量稳定的大宗产品，非常适宜水运，便于泸州港口城市发挥临港区位优势。

3. 泸州港的经济腹地优势

泸州港的直接经济腹地包括成德绵经济区、川南经济区，间接经济腹地包括滇北、黔北以及陕、甘、藏、青等几个西部省区的部分地区。主要工业门类有矿产、化工、机械、建材、酿酒、烟草、食盐等。烟煤保存量近亿吨，无烟煤储量 300 多亿吨，硫铁矿储量 40 多亿吨，大理石储量 3 亿多立方米等，有着长期的开采价值和持续的运输资源。泸州港以出口为主，其中化肥、煤炭、

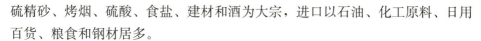

硫精砂、烤烟、硫酸、食盐、建材和酒为大宗,进口以石油、化工原料、日用百货、粮食和钢材居多。

成德绵经济区面积不足 4 万平方公里,总人口近 2000 万,该区域地区生产总值占全省地区生产总值的 50% 左右。成都经济区是中国"增长第四极"成渝经济区的两"核"之一。黔北、滇北区域总面积约 5.66 万平方公里,人口 1300 万,天然气资源丰富,工业基础较好。泸州港作为长江上游主要港口的地位已得到初步确立,来自贵州省的煤炭约占泸州港煤炭外运量的 50%;集装箱运输货物中 90% 以上是来自成渝经济带的绵阳、德阳、成都、内江、自贡等地,随着腹地集疏运条件的进一步完善,泸州港辐射范围将逐步延伸。

2.3.4　泸州港面临的外部竞争分析

1.　面临重庆港的强势竞争

重庆寸滩港是国家一类口岸,为长江上游发展较早的港口,港口物流资源丰富,航运市场成熟,船期密度高,海船公司选择性多,地面配送服务及通关环境较成熟,通往川东及黔东地区综合物流成本优势明显,与宜宾港、泸州港形成了强大的竞争优势。

(1)重庆港重点港区建设情况。重庆港主要客货运输港区有码头 14 个,泊位 296 个,靠泊能力 3000 吨级的 8 个,1000~1500 吨级的 85 个,公用码头、专用码头 203 个,靠泊能力在 300~1000 吨级之间。朝天门港区为客运中心,九龙坡、猫儿沱、蓝家沱为货运港区,长寿港区兼备客货运输能力。进出港的航道长江水深终年保持 2.5 米以上,嘉陵江枯水期深不足 1 米,航道吃水限制为 2.7~2.9 米。

(2)重庆港集疏运体系建设情况。

①公路:有成渝、渝宜、渝黔、渝邻、渝武、渝遂高速公路及高等级公路、区县道路网等。

②铁路:有国家铁路主要枢纽站,铁路最具优势,主要有成渝铁路、渝黔铁路和达万铁路。

③航线:九龙坡集装箱码头分公司是目前长江上游堆存面积最大、设施先进、功能完善、管理规范的集装箱专用码头,年通过能力为 10 万 TEU,年外贸物资集装箱进出口占重庆口岸的 90% 以上。集装箱运输建立 EDI 系统。寸滩港区位于朝天门下游 6 公里的长江北岸,港区水域条件优越,陆域开阔,紧邻重庆北部新城货运站和铁路编组站,是建设长江上游航运中心的标志性工程和西南地区综合性集装箱枢纽港区。

（3）近年来重庆港营运状况。经济腹地主要包括重庆市辖 9 区 12 县及四川、云南、贵州三省。2013 年重庆港完成港口货物吞吐量 1.37 亿吨，同比增长 9.4%，集装箱吞吐量 90.58 万 TEU，同比增长 13.9%。年客运旅游通过能力近 1000 万人次，码头泊位 114 个，堆场面积 35 万平方米，拥有年通过能力为 10 万 TEU 的国际集装箱专用码头、年通过能力为 10 万辆的汽车滚装码头和全国内河港口最大的 400 吨级特大重件装卸作业线等 17 座现代化货运码头和 16 座客运旅游码头，现有资产 18 亿元。2012 年重庆港货物进出口总额分别为 74.89 亿元、385.71 亿元，同比分别增长 51.6%、163.6%。

（4）港口吞吐量。重庆港主要由 3 大枢纽港区（即主城港区、万州港区和涪陵港区）、5 个重点港区和 12 个县级港区组成。2013 年，重庆港口货物吞吐量达 1.37 亿吨，集装箱吞吐量达 76.63 万标箱。

泸州港和重庆港货运能力比较见表 2—4。

表 2—4　泸州港和重庆港货运能力比较

	泸州港	重庆港
泊位	3000 吨级泊位 3 个	3000 吨级泊位 8 个
	1 000 吨级泊位 31 个	1000 吨级泊位 85 个
	500 吨级泊位 13 个	500 吨级泊位 203 个
货物吞吐量	2013 年 2707 万吨	2013 年 1.37 亿吨
集装箱吞吐量	2013 年 20.13 万标箱	2013 年 90.58 万标箱
航运条件	三级航道	一级航道
集疏运条件	公路：泸渝高速、成自泸赤高速、宜叙高速、叙古高速	成渝、渝宜、渝黔、渝邻、渝武、渝遂高速
	铁路：内昆铁路、隆黄铁路、渝昆铁路	成渝铁路、渝黔铁路和达万铁路

2. 与宜宾港同质化竞争压力剧增

长江川境段仅长 228 公里，建设了泸州港多用途码头、宜宾港志城作业区两大多用途集装箱码头，并且都在进一步加快扩容建设，造成港口密度较大，腹地互有交叉，功能部分重复。加之货物来源短缺，为争取更多货运资源，两地港口采用低价竞争、行政干预等手段争夺客户，造成港口间的同质化竞争加剧。

（1）宜宾港重点港区建设情况。宜宾港志城作业区由宜宾市政府与上海国际港务集团联合投资建设，总投资约 13 亿元，建设 4 个集装箱泊位，1 个重载滚装泊位及 1 个重大件泊位，年通过能力达到 50 万标箱，滚装 30 万辆，具备 1000 吨级重大件装卸能力。一期工程项目于 2008 年 12 月开工建设，2010 年 12 月开港试运营，港口功能更加完备，后发优势明显。

（2）宜宾港集疏运体系建设情况。

①公路：宜宾港志城作业区周边高速公路、快速通道四通八达，可通过宜南快速通道、宜泸高速公路、内宜高速公路、乐宜高速公路、仁沐新高速公路以及规划建设的宜攀高速公路等"十条高速、一条黄金水道"辐射川南及滇东北、黔西北等地区，实现"多式联运、无缝衔接"。

②铁路：宜宾港志城作业区正在开展铁路专用线前期工作，内昆铁路、成渝铁路从区内经过，建成后的专用铁路将与内昆线、规划建设的宜西（昌）铁路连接，为志城作业区拓展经济腹地提供便利条件。

③航线：宜宾港志城作业区与上港集团物流总公司、民生轮船公司、马士基船运公司、重庆润创国际物流公司等二十几家轮船、物流、货代公司签订了战略合作协议，丹麦马士基、法国达飞、中国远洋等海船的集装箱可在宜宾港中转，通过宜宾港疏港的货物可送达国内外各大港口。

（3）近年来宜宾港港口营运状况。宜宾港志城作业区承担的集装箱运输货源主要来自本地五粮液集团、天原化工、蓝天纸业、丝丽雅等大型企业，成都经济区部分企业及正在迅速拓展的云、贵、攀西等货源市场。其主要货种除与泸州港类似的机械汽配、化工原料及产品等外，矿产资源也是重要的货源组成（见表 2-5、表 2-6）。

表 2-5　宜宾港集装箱货源组成及流向

货物名称	流向
进口	
大米	越南经上海至宜宾
红粱	澳大利亚经上海至宜宾
塑料粒	上海至宜宾
聚酯切片、精对苯二甲酸	南京、江阴、涪陵至宜宾
纸浆	国外经上海至宜宾
出口	
酒	宜宾至张家港、上海地区
元明粉	成都及周边地区经宜宾至张家港、上海、华东、华南、国外

货物名称	流向
短纤、人造丝等	宜宾至张家港、上海、沿海地区
纸	宜宾至上海地区
化工类产品	宜宾至张家港、上海地区、国内沿海地区
生物柴油	乐山经宜宾至南通地区
玻璃纤维	自贡经宜宾至上海地区
矿产品	乐山、昭通等地区经宜宾至长江中下游地区
醋酸纤维素	宜宾出口至欧美
绝缘子	成都龙泉经宜宾出口至印度、欧美
机电设备	德阳、乐山、自贡经宜宾至上海、国外

表 2-6　泸州港集装箱货源组成及流向

货物名称	流向
进口	
丰田汽配	日本经泸州至成都
神钢机械配件	日本经泸州至成都
石材石料	福建泉州经泸州至隆昌、仁寿、成都等
塑料粒	张家港经泸州至绵阳等
石英砂	安徽、黄石、芜湖至泸州、隆昌等
聚丙烯、聚酯切片、氧化镁等	华东地区经泸州至成都及周边地区
机械设备、化工产品为主	国外、华东地区经泸州至成都及周边地区
出口	
元明粉	成都及周边地区经泸州至华东、华南、国外
无碱球	自贡、成都、威远、泸县经泸州至华东
蘑菇罐头	成都经泸州至美国等
玻璃球	自贡、威远、成都经泸州至华东
铝母线	广元经泸州至印度、美国等
三聚氰胺	成都、合江经泸州至国外
陶粒	成都经泸州至华东
钛白粉	成都、眉山、什邡等地经泸州至华东、国外

货物名称	流向
酒	泸州
草甘膦	乐山五通桥经泸州至华东、美、澳洲等国外
其他化工产品	成都及周边经泸州至华东、华南、国外等地

3. 综合分析

（1）长江上游大港竞争者——重庆港。

重庆港和泸州港同处于长江上游，码头类型、地形条件、航道情况等方面类似，是泸州港发展面临的最大的竞争者，主要表现在：

①实力更强。重庆港作为一个西部最大的省级港口，相对泸州港来说，规模更大、硬件设施更好、集约化程度更高、物流垄断优势明显。

②平台更高。国家海关总署与重庆市曾签署了共同推进保税港区项目《关于海关支持重庆统筹城乡综合配套改革试验区建设合作备忘录》。备忘录表明，重庆市设立保税港区将得到海关总署在前期规划和报批等业务工作上的指导。重庆保税港区是中国内陆第一个保税港区，也是中国唯一一个拥有"水港＋空港"一区两核驱动的保税港区。

③机遇更好。尤其是自从长江三峡蓄水和通航后，四川、贵州等地越来越多的企业选择了重庆港作为进出口贸易中转港，重庆港已经成为西南地区二次转关的重要口岸。这是泸州港最强大的竞争对手，严重影响泸州港的吸引力，并制约泸州港口经济的发展。

（2）黄金水道四川段的竞争者——宜宾港。

在打造川南港口群的进程中，宜宾和泸州都是其中的核心成员。虽然两成员"强强联手"打造四川黄金水道的特色经济，但是合作中本身就包含着竞争，而且宜宾市抢抓机遇的意识表现得尤为突出。宜宾在港口开发建设上开创了宜宾市乃至四川省政府与外商投资合作建设港口的先河，主动与上海国际港务集团磋商合作。近年来，宜宾不断加大招商引资力度，提出了要将宜宾港打造成"未来四川最大的港口"的战略规划，这是泸州在港口群建设中处于领先地位、发展港口经济和打造川南港口经济中心过程中，必须高度重视的竞争对手。

2.3.5 对外合作情况

泸州港同成都等周边城市、长江中下游及沿海港口保持有密切的业务往来和联系。

2008 年 10 月 10 日，成都、泸州两市政府携手签署《两市港口物流发展战略合作框架协议》，为打造成都经济圈方便、快捷物流通道，实现泸州港与成都经济圈的"无缝"对接，助推成都经济发展奠定了坚实的基础。目前，泸州、成都两市政府正围绕该协议开展各园区与泸州港之间"区港联动"的各项工作。

2010 年 12 月 15 日，泸州市政府同武汉市政府签署港口物流发展战略合作框架协议，泸州港同武汉国际集装箱转运公司（WIT）签订合作协议；2011 年 12 月 27 日，泸州港同武汉港务物流集团签订水路运输中转合作协议，旨在共同开发利用长江"黄金水道"，推动构建中西部大物流格局，培育壮大"泸州港—武汉新港""武汉新港—上海洋山港"江海直达航线。

同时，泸州港还与云南昆明阳都物流有限公司、重庆长航等签订铁水联运合作协议。泸州港与重庆港关系紧密，目前两港已就集装箱运输签订合作协议，泸州港是重庆港的重要喂给港。泸州港正力争尽快打通昆明—泸州—长江下游的铁水联运通道。

2.3.6 泸州港的基础条件设施分析

泸州港，上承宜宾港，下启重庆港，是长江第二个具有一定历史、一定规模的港口。作为四川的第一大港，泸州港身上有许多省内和国内"第一""唯一"头衔：四川省唯一的全国内河 28 个主要港口之一、四川省内第一个水运开放口岸、全国第一批进境粮食指定口岸、长江上游第一个铁路直通堆场的集装箱码头等。在四川省和泸州市物流业及相关产业蓬勃发展势头下以及经济发展的推动下，港口运输在近 10 年取得了很大的发展成效，泸州港货物吞吐量和集装箱吞吐量不断上升，然而，泸州港口的软硬件建设中与国内其他大型港口还是有很大差距。

（1）港口基础设施条件。

港口的基础设施是港口发展的硬环境，它反映了港口基础设施条件，包括装卸设备能力、机械化作业效率、港口泊位数等方面。目前，泸州港拥有货运码头 108 座，泊位 177 个，3000 吨级直立框架式泊位 6 个，配备了集装箱岸边桥式起重机、轨道式龙门吊、正面吊、空箱堆高机和 120 吨大件吊等设备，拥有公用型保税仓库和出口配送型出口监管仓库 7500 平方米，保税仓和出口监管仓件杂货 400 万吨和滚装商品车 30 万辆，堆场面积达 100 万平方米。港口设计年通过能力为集装箱吞吐能力 100 万标箱，商品滚装车吞吐能力 30 万辆，件杂、散货吞吐能力达 600 万吨。近年来泸州港的年货物吞吐量呈上升趋势，如表 2-7 所示：

表 2-7　2008—2013 年港口货物吞吐量比较表（万吨）

港口	2008	2009	2010	2011	2012	2013
泸州港	1121	1164	1772	2164	2348	2707
宜宾港	772	852	1102	1175		
乐山港	335	249	289	320		
重庆港	7892	8611	9669	11605	12475	13766

泸州港的货物吞吐量呈现逐年上升趋势，但泸州港口经营规模小，船舶集载率低，从下游上来的货船大多在重庆港卸货，再到泸州港的就少，港口到成都经济区的空载率达到 40%，较重庆港相比有着较大的差距。

（2）运输体系。

泸州港现有泸渝、泸宜、隆纳、成自泸、纳黔和泸赤高速公路，形成"一环七射"高速公路网络，辐射川南及滇东、黔北、渝西等地。通过已建成的进港铁路，实现铁水联运，将港口腹地延伸至攀西、昆明等地，服务区域经济的能力较强。但是，以水路、铁路和公路为集疏运网络的立体交通运输体系还未完善。

（3）航道条件。

泸州港的通航能力为川内最强，在发展水运上具有较强优势。但是泸州港的航道发展也存在一些问题：航道等级的偏低不能适应船舶大型化发展的需求，大型化、标准化、专业化的节能型环保船舶比例小，淘汰老旧和竞争能力差的船舶进程缓慢；航道缺乏整治，部分优良河段未设置助航标志，船舶不能充分夜航。

（4）信息化平台建设。

泸州市已完成"泸州港集装箱码头信息管理系统技术开发"项目的研发工作，满足了内河集装箱码头管理的需要，有效地解决了内外贸箱并行作业、集装箱运作、船舶积载、信息交换等关键技术。2014 年，泸州市投资约 1000 万元，启动区域性水运物流公共信息平台建设，该平台具有视频监控、船舶定位、电子政务、信息发布等 5 大功能，可极大提升港口管理、运行的水平。但对比已建立 EDI（电子数据交换）系统等国内信息化水平领先的上海港，泸州港的信息化建设水平还有很大的提升空间。

2.3.7 泸州港的集疏运条件分析

泸州港港口的集疏运体系是港口连接多种运输方式的平台和纽带，也是泸州港进行一体化运输组织的关键。集疏运体系的快速高效，能够非常迅速有效地均衡货流，疏导货流，也可以缓和货物集散对码头仓库容量过大的要求。而且，集疏运体系能力的不断增强也会在一定程度上弥补港口其他系统的不足乃至扩大港口腹地半径，从而促进港口发挥最大的潜力。从整体看来，泸州港的集疏运基础设施条件已经初具规模，集疏运方式主要采用公水联运的方式。

（1）水运方面。泸州境内的长江航道136公里，约占四川长江航道229公里的60%，航道等级已达到三级，是四川境内通航条件最好的航段。建成14.8公里的进港铁路专用线，成为全国内河第一个实现铁水联运的集装箱港口，相继开通了泸州—上海商品滚装船、泸州—武汉—台湾水运直航航线、泸汉台近洋快班航线、泸州—南京—韩国近洋航线等。

（2）公路方面。目前，已有6条高速公路在港口周边形成环线，并经进港专用通道直接引入港口。纳福大道、泸合大道正加快推进，随着成自泸赤、广渝泸、川黔高速公路相继建成通车，泸州港的集疏运通道将更加完善。

（3）铁路方面。泸州港开通铁水联运班列，率先在长江上游集装箱港口中实现铁水联运无缝对接。国家铁路网隆昌—贵州黄桶铁路、叙永—古蔺大村地方铁路、内江—泸州城际铁路、重庆—泸州—昆明铁路、乐山—自贡—泸州铁路均在加快建设。

（4）航空方面。泸州蓝田机场已达4C级标准，年旅客吞吐量突破40万人次。已开通泸州到北京、上海、广州、深圳、昆明、贵阳等多个直达航班。目前，按照4D级标准迁建的泸州云龙机场已全面开工建设，建成后将成为成渝经济区的重要支线机场。

但是，泸州港的集疏运体系并不完善，物流园区建设滞后，集疏运方式有待拓展，辐射能力有待提高。泸州港目前主要的物流通道还是公路和水路，已经建设完成的铁路和航空运输能力没有完全利用。泸州港虽有进港铁路，但通过铁水联运完成集装箱量较小。2013年，泸州港铁水联运完成集装箱到发量仅为3038标箱，占泸州港全年完成集装箱吞吐量的1.5%。进出港道路等级低，城市交通与疏港交通相互干扰严重。通往贵州、云南、攀枝花等货源腹地的物流通道有待进一步改善，港口的辐射能力有待提高。目前泸州市现有物流园区多数是单个企业自用物流园区，物流园区资源共享程度较低，规模化、平台化运营的优势没有体现。缺少与交通枢纽配套的港口综合物流园区、城市配

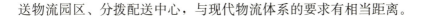

送物流园区、分拨配送中心，与现代物流体系的要求有相当距离。

2.3.8　泸州港的航运市场分析

港口航运市场需求，能够有效带动港口、港城以及周边地区区域经济的良性发展。2014 年，泸州港完成集装箱吞吐量 32.06 万标箱，同比增长52.98%，占全省港口集装箱吞吐量的 73%。货源品种主要是机械产品、建筑材料、化工品等。通过分析，泸州港航运市场主要货源及流向特点如下：①机械设备类进口主要流向为日本、德国等地运至成都龙泉，出口主要流向为成都及周边地区运至美国、日本等地区；②化工原料类进口主要流向为广东、华东地区运至成都及周边地区，出口主要流向为成都、眉山、乐山、德阳等地运至华北、华东、华南以及国外地区；③轻工、食品主要流向为华东地区运至川南、成都地区，出口主要流向为川南、成都地区运至华东、华南地区；④钢铁、矿石、矿建材料进口主要流向为澳洲、非洲、华南、华北地区运至川南、成都及周边地区，出口主要流向为雅安、成都及周边地区运至华南、华东、华北地区。

根据统计资料得到泸州港经济腹地近 5 年的进出口市场规模，如表 2-8所示。

表 2-8　泸州港经济腹地进出口总额数据表（单位：万美元）

年份	泸州	成都	攀枝花	自贡	德阳	绵阳	内江	贵州	云南
2008	13261	1547667	39049	49489	186445	116855	16817	337037	959900
2009	13578	1786253	16199	49877	168938	107289	12854	230732	801900
2010	13325	2467759	25389	54138	223195	159752	16845	314680	1336800
2011	15192	3790633	26586	70685	290775	175135	25694	488758	1605300
2012	18598	4754212	26343	87038	308340	221316	31349	663156	2100500
2013	22654	5060001	18714	101359	339151	280984	36298	829000	2583000

预计到 2020 年，通过泸州港进出口的航运市场规模将超过 300 亿美元，并且从泸州航运市场发展趋势可以看出，随着年份的增加，泸州港航运市场规模会以很快的速度迅速成长。

但是，目前看来，泸州港的航运市场占有率还非常的小，泸州市本地货源占泸州港集装箱运输总量的 5%，均远远低于港口的需求；货源品种以及货运量不稳定，由于受服务半径、功能、营销习惯等方面影响，布局在成德绵、川东北等地区适应水运的货物运输，东流向重庆、上海港聚集。泸州港的航运市场占有率的提升空间还非常广阔。

2.3.9　泸州港的人才储备分析

港口人才是指具有较强的业务素质，有较强的港口活动组织能力和市场分析能力，能够整合物流各环节，既懂管理又懂技术的港口产业管理人才，以及具有深厚的理论底蕴和科研实践能力较强的港口研究人员。随着改革开放的深入发展，中国与各国的贸易日益频繁，港口经济发展迅速。然而支撑港口经济发展的软条件——港口人才的缺口却日益加大。

泸州港人才队伍建设主要面临以下问题：人员结构不够合理，专业人才数量和比例明显偏低，从港口人才队伍结构及未来发展情况看，高学历、高技能人才相对较少，未形成合理完善的人才储备和培养机制；新业务领域的人才储备严重不足，这些都严重阻碍着泸州港未来的大发展。具体来看，泸州港最紧缺的物流人才类型是集商贸、金融、运输、系统工程、信息技术与手段等多种知识和技能于一体的应用型人才；具备对企业内外资源进行整合、对经营全过程进行管理的能力和丰富经验的管理人才，以及懂得国际贸易、国际运输和国际采购等国际物流领域的从事第三方物流操作的专门人才。

人才资源不仅是泸州港最重要的资源之一，同时也是最昂贵的资源之一。实现泸州港的跨越发展，必须高度重视人才队伍建设工作，有效利用人才资源。

3 泸州港现代航运中心的发展路径

3.1 现代航运中心的发展机理与发展模式

3.1.1 现代航运中心的定义与功能

1. 定义

现代航运中心是一个功能性的综合概念，是融发达的航运市场、丰沛的物流、众多的航线航班于一体，以国际贸易、金融、经济中心为依托的现代化航运枢纽。以货物贸易和物流服务为主导的现代航运中心的主要功能集中在航运中转、货物集散、加工增值以及最终向综合资源配置功能拓展。泸州的城市功能要在经济、生产、贸易、金融、交通、法律、人才、服务等多种资源要素上同建设航运中心相适应，向国际贸易、物流、金融、信息和产业承接中心迈进，最终将建成以港口为依托，以航运产业集群、航运服务体系和国内外物流为支撑的长江上游国际大都市。

2. 功能

（1）综合物流枢纽功能。

航运中心以大港口作为区域综合交通体系的核心，具备综合协调、服务和交易等功能的枢纽和中心平台，是国际国内集装箱多式联运的枢纽港和中转港，是国际国内物流配置、分拨、仓储、加工的临港综合基地。

（2）保税港区及口岸大通关功能。

航运中心除了具备完善的硬件设施以外，还需要能够提供一流服务的海关、边防、检验检疫和海事等口岸查验机构，以及与腹地口岸便捷互通、一体化运作的区域大通关系统。

（3）航运服务、信息与市场功能。

航运中心航运要素必须高度聚集，这些要素不仅包括船舶运输业和港口的装卸业务，同时还包括那些与港口的综合功能和船舶运输业相关，以及对其具有支持和辅助作用的要素，如政策法律环境、航运信息、航运安全、环境保护、人力资源、航运服务产业链和行业组织等。

（4）资源配置、临港开发功能。

航运中心城市必须高度重视以港口为基础依托的航运产业，并以此为核心纽带，驱动和协调其他相关产业的发展和运行，实现整个城市资源的最佳配置。临港工业是建设航运中心的有机组成与核心支持。随着跨国公司生产活动的全球化，依托港口尤其是保税港区拓建和规划临港工业，建设出口加工区，积极参与跨国公司全球价值链，以大项目带动产业链的发展，以集群发展形成若干大的产业基地。

3.1.2 现代航运中心的发展机理

1. 现代航运中心发展的基本要素条件（见图 3-1）

图 3-1 现代航运中心发展的基本要素条件

（1）优越的区位条件。国际航运中心的区位应当具有优越性和战略性，其主要体现为与世界经济及本国经济发展的重心区域整合。现代航运中心既然依托于水上运输，那就必须具备满足船舶航运的区位条件和港口基础设施。在国际著名的港口中，有些城市其自身经济基础在与周边地区相比较并不是十分突出，但是它依托着优越的地理位置和港口基础设施，最终依然成为国际枢纽港和国际航运中心。

（2）优良的港口硬件设施。硬件设施包括航道建设情况、集疏运网络配套情况、物流园区建设程度等，这些都是港口发展的"硬实力"，只有硬实力足够强硬，才能够满足国际大型船舶和大量集装箱转运的需求，为港口的发展奠定坚实的基建基础。有些城市原来具有良好的经济基础和地理环境，但由于港口基础设施无法满足现代国际集装箱船舶大型化进出港需求，而只能逐渐淡出国际航运市场，比较典型的是美国的旧金山。而密西西比港口，从20世纪20年代开始，便开始有计划地进行干流中下游及河口整治，经过一百余年的建设，密西西比河系拥有标准统一的干支流、四通八达的深水航道网，实现了"干支并举、全面系统"，在美国经济建设和军事斗争中都起到了十分重要的作用。

（3）充足的货源。从货源的属性来看，外生性货源主要来自港口自身的经济腹地。航运中心必然产生或依托于经济发展的重心区域。如中国香港地区，其国际航运中心地位的形成离不开中国巨大的生产基地和消费市场。除了外生性货源之外，还有内生性货源。较之前者，这类内生性的货源受到外部环境的影响更小，同时对港城经济的拉动效应也更强。但随着区域经济的发展和产业结构的升级，此类货物对港城航运产业的促进作用仍是不可持续的。

（4）高度开放的口岸环境。国际航运中心的形成必须具有高度开放的口岸环境。以新加坡港为例，新加坡同世界许多国家签订了自由贸易协定，95％的国外货物可以自由进入新加坡。新加坡的自由港政策具体体现为实行自由通航、自由贸易，允许境外货物、资金自由进出，对大部分货物免征关税等。这些政策极大地方便了货物的流通，节省了贸易成本，带动了集装箱国际中转业务的发展，提升了新加坡的国际竞争力，使新加坡在国际航运、贸易和金融业务中发挥着举足轻重的作用。

（5）信息化技术的推进。现代物流信息技术和自动化设备的应用，大大提高了港口货物转运的效率。以新加坡港口为例，通过实施Tradenet和Portnet两个电子信息系统，物流公司基本上实现了整个运作过程的自动化。政府的Tradenet把新加坡35家监管机构、货代、出口商、船公司、第三方物流服务商、仓库、供应商、保险公司、进口商、银行等单位整合在一个信息平台；Portnet则是一个全国范围内的电子商务系统，连接整个航运界，包括政府部门、代理、海关、港务集团、港口用户等，并逐步向世界其他港口延伸，平均每年处理超过7000万宗交易。正是现代科学技术的应用，保障了物流的快速、安全、准确，每天可以处理数以千计的拖车，准确率达99.99％。

（6）航运服务业的配合。从世界级国际航运中心形成和发展的过程来看，世界级国际航运中心也都是国际航运服务中心。航运服务业在我国发展的时间还比较短，航运金融、航运保险等发展还很不完善，是国内绝大多数港口发展的"短板"。从国外成熟经验来看，国际航运中心的繁荣发展，离不开完善、先进的综合配套服务环境。始建于公元前43年的英国伦敦港，早在20世纪60年代就丧失了港口优势，然而，伦敦港仍无愧于国际航运中心的称号，原因就在于它以先进的航运服务业，对全球航运进行着"无形"的控制。落户伦敦的"波罗的海航运交易所"是全球唯一实行自我监管的航运交易所，它发布的航运价格指数被世界各国所接受，堪称全球航运界的"大脑"。伦敦还拥有世界上最完备的航运融资、海上保险、航运仲裁等服务体系，仅航运服务业每年创造的价值就达20亿英镑。

2. 现代航运中心的发展机理——以新加坡港为例

第一阶段：定位与初创（20世纪60年代—20世纪80年代）。新加坡建国时，国内资源匮乏，工业基础落后，失业率高。国内经济的现状和得天独厚的地理优势使得新加坡政府决定将区域主导产业定位于国际航运及相关产业，并将80%以上的财政收入用于港口等基础设施建设。同时，政府大力推行港口集装箱中转运输发展模式，成功将新加坡打造成为东南亚国际集装箱中转中心。此后，政府先后出台了《1972年度预算报告》《二十世纪八十年代经济发展规划》（1981）等一系列经济促进政策。时至20世纪80年代，除了港口服务业，新加坡的修造船业、炼油工业已处于亚洲甚至世界领先地位。另外，在政府的支持下，新加坡船舶制造和修理协会于1972年推行"五年学徒计划"；1978年新加坡义安理工学院在造船与海洋工程专业设立新的奖学金计划，从熟练的产业工人到知识型的管理人才全面满足相关产业的发展对人才的需求。

第二阶段：信息化与专业化（20世纪90年代—20世纪末）。20世纪80年代后期，随着港口箱量的集聚增加，落后的管理与组织方式已经无法满足新加坡港的发展要求。在新加坡贸易工业部的牵头下，政府于20世纪90年代初正式在全国开始实施EDI，斥巨资打造了Tradenet和Portnet两个电子信息系统。前者通过横向联合，实现新加坡所有国际贸易主管部门之间的信息共享；而后者则是一个国家范围内的电子商务系统，纵向整合了包括相关政府职能部门、代理、海关、港务集团、港口用户在内的航运相关组织等。这些措施极大地提升了新加坡现代港口服务的效率。1995年，新加坡港口货物吞吐总量达3.06亿吨，当年排名世界首位；同年，集装箱装卸量也达1185万标箱，仅次于中国香港地区。这一阶段另一个重要的事件是1996年新加坡单独成立海事及港口管理局（MPA）以负责全国港航业的管理与引导，促进本地相关产业的发展。事实证明，这一专业化的政府机构在新加坡航运产业集群的发展过程中起到了至关重要的作用。

第三阶段：服务化（21世纪初至今）。1997年亚洲金融危机和21世纪初全球经济性衰退，使得国内产业面临新的调整。新加坡政府通过给予航运、航运金融企业财政和税收政策上的支持和优惠，吸引航运产业链上的关系型嵌入的企业入驻新加坡，2004年针对物流企业推出核准船务物流企业计划（ASL），旨在吸引国际船公司、船务管理、船代、货代和物流企业入驻新加坡，开展和扩张业务；2006年针对在AIS计划支持下经营租赁的船舶公司，推出新加坡海事金融优惠计划（MFI），目的是鼓励船务投资及管理公司设立相关投资工具，鼓励发展海运信托基金等船舶投资工具，同年，为了满足包括船公司在内的各类企业发展需求，新交所亚洲结算行成立；2007年至今，新加坡政府更是将航运企业所得税率降至17％，并将企业的部分税务豁免额提高到30万新元，吸引了大量航运企业入驻新加坡。目前的新加坡将自身的产业发展定位于国际箱管和租赁服务、空港联运服务、国际船舶换装和修造以及以本地炼油产业为支撑的国际船舶燃料供应服务。

结合新加坡港和其他国际著名港口的发展历程和经验总结得出现代航运中心发展构成的关键要素：第一步，先发展好港口基础设施和国内工业、制造业，成为货物中转中心，同时大力培养专业人才，为下一步发展储备好人才。此时港口的主要功能是货物的装卸、仓储中心。第二步，将现代信息技术融入港口发展战略中，通过建立信息化网络系统提高港口的运转效率，加快航运产业集群的发展，同时港口增加了工业、商业活动，是具有使货物增值功能的服务中心。第三步，进一步强调高附加值产业、技术密集型产业，同时大力发展航运高端服务产业（上游产业），重点发展研发、金融、信息咨询类服务业，打造成为全方位、多层的国际航运中心。

3.1.3　现代航运中心形成和发展的基本模式

13世纪以来，伦敦、纽约、中国香港和新加坡等公认的国际航运中心的变迁与发展史实表明，国际航运中心的变迁与发展模式主要受到社会信息技术条件的影响，具体表现为20世纪50年代之前基本遵循以货物为基础的传统国际航运中心发展模式，其后在伦敦国际航运高端服务业锁定与辐射效应的影响下，其他各地航运产业的发展呈现出不同的发展模式，而特定地区的航运中心发展模式则与当地的区位条件与腹地制造业基础、政府的决策逻辑及船东企业活动三者有关。按照港口发展所依托的产业和增长点，我们可以将国际上一些典型的港口发展模式归为三类（见图 3-2）。

图 3-2 现代航运中心形成和发展的基本模式

1. 伦敦模式——以市场交易和提供航运服务为主

作为世界老牌航运中心，伦敦港拥有良好的人文历史条件，包括悠久的贸易和航海的传统和文化、众多优秀的海事人才等。20世纪40年代，伦敦通过港区分离的模式，将港口硬件设施外移到离市中心以东40公里的提尔伯里和沿河下游，依靠波罗的海航运交易所拓展航运相关产业，如航运融资、海事保险、海事仲裁等。如今这些都已成为航运服务业方面的世界品牌，并且拥有数千家上规模的各类航运服务企业，伦敦凭借其规模巨大的航运服务产业仍保持着全球顶级国际航运中心的地位，世界上大约有一半的船只交易业务在此成交，聚集着国际海事组织总部、国际海运联合会、国际货物装卸协调协会、波罗的海航运交易所、波罗的海和国际海事公会等诸多国际航运组织。目前世界20%的船级管理机构常驻伦敦，世界50%的油轮租船业务、40%的散货船业务、18%的船舶融资规模和20%的航运保险总额都在伦敦进行。全球有1750多家从事航运事务的公司与机构在伦敦设有办事处。其中，仅航运服务业每年创造的价值就达20亿英镑。即使在今天，伦敦港的航运产业已经没落，但它仍然维持着国际航运中心的地位。

2. 新加坡和中国香港模式——以国际货物中转运输为主

新加坡和中国香港由于自身经济腹地较小，对内的直接外贸运输并不太多，而是将其他国家或地区的国际贸易货物作为其服务的主要对象。新加坡地理条件优越，地处马六甲海峡的咽喉地带，不仅是东南亚的航运中心，还连接着太平洋和印度洋，处于亚、欧、非和大洋洲的海上交通要道，其经济影响可以辐射到整个东南亚地区。而中国香港，背靠中国内地，与内地构成明显的"前店后厂"格局，是联系韩国、日本、东南亚、大洋洲以及欧洲与美洲各国的重要商埠，是中国内地对外经济贸易往来的重要门户。此外，香港港还是东亚与东南亚、南亚、欧洲、非洲之间航运的要道和中转站，北美、欧洲和日本的经济贸易进入中国南部经济特区和广大腹地的门户。新加坡和中国香港作为亚洲新兴的国际航运中心，都实施世界上最为开放的自由贸易政策，大型机械设备和先进的电子化、先进的管理技术和高素质的人员是其自由港的特点，加上拥有得天独厚的深水良港，突出转口贸易及其中转运输，使其集装箱吞吐量位居世界前三名。

3. 鹿特丹和纽约模式——以腹地物流运转为主

荷兰的鹿特丹位于莱茵河和马斯河两大河流入海汇合处所形成的三角洲，背靠莱茵河流域的荷兰、德国、瑞士等发达国家，其周围 500 公里范围就有1.5 亿人口。鹿特丹是一个全球性的经济腹地型国际航运中心，美国向欧洲出口货物的 43%、日本向西欧出口货物的 34% 都经过鹿特丹中转，德国经鹿特丹吞吐的货物量超过其国内港口的总吞吐量，2011 年集装箱吞吐量达 1190 万标箱。纽约港也是一个典型的经济腹地型国际航运中心，一度承担了美国外贸运输量的 40%。目前纽约港港域面积为 10.5 平方千米，深水码头岸线 60 多千米；共有 37 个集装箱泊位，装卸集装化率达 90%；约有 100 家船舶公司的300 艘班轮挂靠，通达世界 120 个国家的 370 多个港口。鹿特丹港和纽约港都是以其经济腹地的货物吞吐集散为主要功能，凭借其对周边地区强大的经济辐射力成为世界大港。

3.1.4 国内外先进港口发展机理与模式对泸州港的启示

通过研究世界一流港口的发展模式总结得出，现代航运中心的发展模式主要有以下三种：第一，以市场交易和提供航运服务为主，强调航运服务产业的上游产业的发展，如伦敦港；第二，以中转为主，即中转型的国际航运中心，如新加坡港和中国香港港；第三，以腹地货物集散服务为主，即腹地型的国际航运中心，如鹿特丹港和纽约港。对于泸州港来说，可以借鉴腹地货物集散服务模式的做法，将自己的发展战略定位为"西南片区集散中心"，完善和提升港口的功能，使其不仅仅成为货物运输周转的中心，也要积极增加运转货物的附加价值，拓展港口的工业和商业活动，提高港口在服务产业链的位置，使其成为能够使货物增值的服务中心。

3.2 港口城市群聚集架构——"泸州中心"的体现

泸州、宜宾两港在全省港口发展中处于领先地位，根据 2014 年全省港口货物吞吐量统计，泸州港和宜宾港货物吞吐量接近全省港口货物吞吐总量的 50%。其中，泸州港、宜宾港集装箱吞吐量分别突破 32 万标箱和 12 万标箱，是四川目前仅有的两大拥有集装箱运输功能的港口。然而，由于行政地区之间缺乏统筹协调，泸州、宜宾两市不仅各自建设了泸州港多用途码头和宜宾港志城作业区两大多用途集装箱码头，并且都在进一步加快扩容建设，造成港口密度较大，腹地互有交叉，功能部分重复。更由于航运市场尚未成熟，货物来源短缺，面对重庆的竞争，为争取更多货运资源，两地港口采用低价竞争、行政干预等手段争夺客户，造成港口间的同质化恶性竞争加剧。这种局面将成为四川省打造水运强省的主要障碍。应着力打造以泸州为中心的长江上游港口群，通过泸宜两港的深度合作，实现降低物流成本，推动物流全方位多级发展的目标。

港口合作并不是一个新生事物。自 20 世纪 80 年代开始，一些学者便从合作的角度对竞争进行了多层面、多视角的研究，并把通过港口间有意识的相互合作已求得单纯竞争所得不到的经营效果的行为，即基于"双赢"结局的经营方式称为"合作竞争"。港口的传统竞争主要是对抗性的、排他性的，忽略了竞争中的合作的一面。实际上，竞争与合作都是典型的港口行为，或者说是港口间关系的两个方面。随着经济的全球化和信息技术的快速发展，港口的经营环境发生了深刻的变革。港口之间的合作行为不仅发生在港口与货物供应商、航运公司之间，与竞争对手进行有效的合作也可以实现自身的发展目标。因此促进泸州港、宜宾港的合作，联合两港共同打造长江上游川滇黔航运中心将是我省物流一体化建设中水运板块的重大契机。

3.2.1 泸宜两港面临的竞争现状

一方面，泸州港、宜宾港面临重庆港的强势竞争。重庆寸滩港是国家一类口岸，为长江上游发展较早的港口，港口物流资源丰富，航运市场成熟，船期密度高，海船公司选择性多，地面配送服务及通关环境较成熟，通往川东及黔东地区综合物流成本优势明显，与宜宾港、泸州港形成了强大的竞争优势。由于受服务半径、功能、营销习惯等方面影响，布局在成德绵、川东北等地区适应水运的货物运输，东流向重庆、上海港聚集。据统计，2013 年，重庆港超过 40%左右的集装箱货运量来自四川。

另一方面，泸州港、宜宾港两港之间同质恶性竞争加剧。长江川境段仅长 228 公里，建设了泸州港多用途码头、宜宾港志城作业区两大多用途集装箱码头，并且都在进一步加快扩容建设，造成港口密度较大，腹地互有交叉，功能部分重复。两港发展中面临的主要问题是本地货源不能满足港口物流的需求。泸州市本地货源占泸州港集装箱运输总量的 5%，宜宾市本地货源占宜宾港集装箱运输总量的 44%，均远远低于港口的需求。两港货源主要从成都、雅安、眉山、乐山、资阳等地争取，这种货源上供不应求的局面导致两港之间为争取更多货源，采用低价竞争、行政干预等手段争夺客户，更进一步加剧了恶性竞争的局面，损害了两港的经济利益。泸州港、宜宾港对政府补贴严重依赖，"价格优势"仅仅取决于补贴的多少。我们的调查显示，2014 年，泸州港年度财政补贴金额达到 1800 万元，而宜宾港年度财政补贴金额（不包括本地企业奖励）高达 4000 万元。两港之间拼政策、拼补贴的恶性竞争局面从长远来看，是不经济的，更是不持久的。

3.2.2 泸宜两港合作的必要性

四川省物流一体化的体系建设需要水运的支撑。泸宜两港合作是降低四川物流成本的需要。从物流成本分析，水路运输费用是公路运输的七分之一、铁路运输的三分之一。然而，我省大量的货物运输主要采用公路运输，其次是铁路运输，水运占比很小。2013 年，全省公路、铁路、水运、航空货运量分别为 173300 万吨、19562 万吨、7247 亿吨、51 万吨，分别占全省货运量的 86.58%、9.77%、3.62%、0.03%。运输结构的不合理，导致运输成本居高不下。2013 年，全省社会物流总费用 4970.1 亿元，占全省 GDP 的 18.9%，高于全国平均水平 0.9 个百分点，高美国、日本等发达国家 10 个百分点左右。其中，运输费用 3160.8 亿元，占全省社会物流总费用的 63.6%，高于全国 11.1 个百分点。降低四川整体物流成本，必须转变物流运输方式，充分发挥内河水运成本较低的比较优势，推进泸州、宜宾港物流发展，降低社会综合物流成本，提升我省经济发展的质量和效益。

根据国内各种运输方式的集装箱运输价格，以及从成都到各个出海（境）的距离，测算出从成都到各个出海（境）通道的平均成本和所需时间，如表 3-1 所示。表中可以看出，从成都—泸州—上海的公水联运集装箱方式价格比成都—重庆—上海路线高出 100 元/标箱，时间上则平均多出一天。表 3-2 比较了通过泸州港铁水联运与通过重庆万州港、果园港铁水联运的价格和时间，经重庆铁水联运兼具价格优势和时间优势。由于面临来自重庆港的强势竞争，如果能通过促进泸州、宜宾两港合作，整合两港优势，错位竞争，不仅能降低物流成本，还能提升物流的质效。

表 3—1　四川省出海（境）通道成本和时间测算

主要口岸	运输方式	距离（km）	成本		时间
			集装箱（元/标箱）	散货（元/吨）	
阿拉山口	铁路	3532	4443	111.1	90 小时
上海	公水联运（泸州）	2916	5200	90.0	11～13 天
	铁路	2489	3500	87.5	60 小时
	公路	2030	7520	188.0	20 小时
	公水联运（重庆）	2730	5100	100.0	10～11 天
北海	公路	1709	6200	155.0	17 小时
天津	铁路	2080	2885	72.1	4 天
青岛	铁路	2436	3262	81.6	5 天

表 3—2　泸州港至成都铁水联运与重庆铁水联运费用比较

方式	铁水联运费用（元/标箱）			差比
	铁路费用	水运费用	合计	
泸州港铁水联运	1300	2800	4100	
重庆果园港铁水联运	1500（按运价下浮 40％估算）	2100	3600	比泸州港少 500 元，运输时间少 2 天
重庆万州港铁水联运	1950	2000	3950	比泸州港少 150 元，运输时间少 4 天

3.2.3　泸宜两港合作的意义

　　泸州港与宜宾港的合作是两港发展的必然趋势，也是避免两港同质化竞争的重要手段。促进两港的合作，有利于统筹港口水运资源，构建综合交通运输体系；有利于加快川南经济区发展，培育新的经济增长极；有利于降低综合物流成本，提高发展质量和效益。

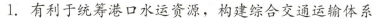

1. 有利于统筹港口水运资源，构建综合交通运输体系

推进泸州、宜宾两港协调发展，构建畅通、高效、平安、绿色的现代化内河水运体系，有利于统筹开发利用我省港口水运资源，充分发挥我省长江港口整体优势，凸显我省港口立足川滇黔渝、服务长江流域、面向全国的枢纽功能作用；有利于实现水运与公路、铁路、航空、管道等其他运输方式的有机衔接，发展多式联运，发挥各种运输方式的比较优势，优化交通运输结构，转变交通运输发展方式，构建我省现代综合交通运输体系。

2. 有利于加快川南经济区发展，培育新的经济增长极

推进泸州、宜宾两港协调发展，有利于促进川南经济区的协调与配合，促进川南经济区资源、技术、资金等要素的有效利用和优势互补，合力加快黄金水道和港口开发建设，发挥能源、原材料等大宗物质和集装箱、重大装备的水运独特优势，加快电力、装备制造、化工、汽车等沿江产业带发展，优化川南经济区产业布局和产业结构，充分发挥其在全省产业分工中的重要作用。同时，川南经济区各市可以此为契机，大力开展全方位、多层次的开放合作，大力承接国内外产业转移，促进旧城改造，提升城市形象，加快经济社会发展步伐，在实施多点多极发展战略中率先崛起，成为我省新的经济增长极。

3. 有利于降低综合物流成本，提高发展质量和效益

推进泸州、宜宾两港协调发展，有利于促进我省内河水运科学发展、加快发展，充分发挥内河水运成本较低的比较优势，实现我省工业产成品和工业原材料与全球各地直接运达，显著降低我省社会综合物流成本与沿海发达省份的差距，引导适宜水运的产业就近布局和发展，提升我省承接产业转移的竞争能力，克服我省重大装备产业发展的运输瓶颈制约，增强我省产品的市场竞争能力，提高我省经济发展的质量和效益，增强我省在国内外产业分工中的地位和作用。

3.2.4 泸州、宜宾港协调发展的定位和基本思路

1. 港口功能定位

推动四川水运强省建设，大力发展长江沿线港口群是我省跨越式发展的战略抉择。经分析论证，泸州、宜宾港口建设发展中，二者地理位置、货源构成、航线分布等各具特点和优势，存在功能互补和优势互补的基础。

（1）泸州港发展定位。

①货源构成。泸州港应在散货和杂件货运输基础上，大力发展成为以集装

箱运输为主的枢纽港口：其散货和杂件主要来自赤水河流域的煤炭和沱江流域的原材料及产成品，集装箱运输货源主要包括绵阳、德阳、成都、内江、自贡等地的汽车、机械、能源、化工及食品工业等产品。

②航线分布。泸州港是全国内河主要港口和国家二类水运口岸。航线分布包括化肥、煤炭、硫精砂、烤烟、硫酸、食盐、建材和酒等大宗产品为对象的出口线路，以石油、化工原料、日用百货、粮食和钢材等为对象的进口线路。

③临港产业。拉长化工、能源产业链，实施泸州化工、机械、酿酒、古叙煤田开发等大型项目，大力发展以泸州老窖为代表的临江饮料食品业、以多晶硅及太阳能光伏产业为代表的新能源新材料产业，突出区域传统优势的矿产、建材、烟草及食盐等产业，培育重大装备产业、汽车零部件产业。

④经济腹地。泸州港的发展将侧重以服务成德绵经济区为主，大力发展成为集装箱外贸航线运输为主导、散杂件为辅的综合性枢纽港口。重点是对接龙泉汽车城等大型产业基地，为沃尔沃生产基地、一汽大众核心配套项目等主要货主提供配件进口和产品出口服务。

（2）宜宾港发展定位。

①货源构成。宜宾港应完善集装箱、散货、件杂货运输基本功能，突出以散货、件杂货为主的货源结构。其散货和杂件主要来自金沙江、岷江等流域，集装箱运输集中于乐山、宜宾、自贡等川南经济区城市。伴随集装箱运输的逐步推广和经济腹地的拓展，港口集装箱运输构成比例也将逐步增长。

②航线分布。集疏运体系主要面向攀西、云贵等腹地，航线分布以内陆长三角及沿海地区为主，以酒、煤炭等大宗产品出口为主的线路，以化工原料、日用百货、粮食等为对象的进口线路。

③临港产业。加快国家级临港经济开发区建设，以构建"三大中心"、打造"六大基地"为目标，重点发展先进装备制造业、新材料产业、现代物流业、现代商贸业等四大产业，加快临港产业园建设，促进产城一体发展。

④经济腹地。应在服务川南、服务宜宾现有丝丽雅、五粮液等本地企业的基础上，加大招商引资力度，加快临港经济开发区发展，积极面向川云贵更广大区域，开拓东盟市场，努力发展成为散、杂运输为主，集装箱运输同步的港口。

2. 两港合作发展思路

为促进泸州和宜宾两港协调发展，结合两港的区位优势，坚持"整合资源、分工协作、完善网络"的基本思路。通过建立完善港口行政合作机制、航运价格联动机制、搭建并对接两港综合物流信息平台、推进港口群总体规划实

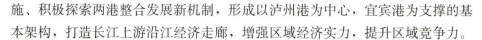

施、积极探索两港整合发展新机制，形成以泸州港为中心，宜宾港为支撑的基本架构，打造长江上游沿江经济走廊，增强区域经济实力，提升区域竞争力。

整合资源。打破行政区划界限，整合港口规划、建设和合作机制，走协调发展之路，为区域经济发展和城市发展注入强大动力。

分工协作。根据港口规模、货源构成、地理位置、港城定位、航线分布、经济腹地等港口独特优势，进行合理分工，在错位发展基础上加强协作。

完善网络。通过建设综合集疏运体系、智慧型港口和发展高端航运服务业，完善集疏运网络系统，构建高效的现代综合物流体系，提升港口区域竞争力。

具体建议如下：

（1）建立跨行政区域合作机制。

由省政府主导，成立泸宜港口协调委员会，委员会由省政府相关部门与两港主要领导人构成，作为两港合作的最高机构，主要负责协调两港共同发展、错位竞争以及对国内外、省内外推广两港的工作；建立市长级交流会议机制，每年至少召开一次，就泸州、宜宾港协调发展的战略问题进行交流；建立部门管理层协调会议机制，每半年至少召开一次，就港口发展所遇到的问题进行沟通交流，商讨港口间如何优势互补及分工协作；成立跨市域的港口联合管理常务委员会，负责具体工作，定期或不定期进行交流，并根据泸州、宜宾港功能定位、货运资源和辐射范围的不同，适时制定两港一体化发展的规划和政策，掌控协调好航道、货源、船舶、产业、城市与港口的关系，在尊重市场规律的前提下，鼓励公正公平竞争，最大限度实现优势互补，利益共享，风险共担。

（2）建立航运价格联动机制。

加快推进建立泸州、宜宾港运输价格联动机制的相关研究。主管部门协调各港口积极参与拟定港口航运市场价格，在遵守长江水运市场价格联动规则的前提下自行确定价格联动，由港口联合管理委员会发布信息。两港行政管理机构联合对水运价格市场实施监管和调控，并且通过指定平台及渠道，及时公布涉及水运市场价格的相关信息，实现信息共享。发挥两港行业协会的职能作用，有效促进两港企业共同实施水运价格联动行动。

（3）搭建并对接两港综合物流信息平台。

现代物流业要实现物流总成本的降低，必须提升物流的效率，其核心在于降低每一个转运节点的时间，这需要通过强大的物流信息平台来科学、智慧地实现。与重庆寸滩港相比，泸宜两港的物流信息化程度较低，通过公水联运、铁水联运方式到达泸宜两港后的转运时间较长，这是两港与重庆港竞争中的一大不利因素。因此，推进两港搭建有效的综合物流信息平台，并实现两港平台的对接，对提升转运环节的效率与质量十分迫切。

（4）科学推进港口群总体规划实施。

泸州、宜宾市政府应严格执行港口群总体规划，并科学推进规划实施，保证实现四川长江泸州、宜宾港口群建设的整体目标。各相关部门要根据总体规划的各项规定和要求，制定相应的实施细则和标准，加强港口的规划、建设和管理，避免突破规划的盲目建设。完善监督、反馈、绩效考核、经济保障等机制，建立健全规范性文件体系，保障总体规划的顺利实施。

（5）积极探索两港整合发展新机制。

为从根本上解决泸州港、宜宾港协调发展问题，整体增强我省长江港口发展实力，提升面向重庆港的竞争能力，应进一步深化改革开放，打破行政体制制约，积极创造条件，推进泸州港、宜宾港要素整合和资本重组，采取股份制办法，通过两港相互持股，把泸州港、宜宾港整合起来，共同建设包括泸州港区和宜宾港区的川南港，抓住国家打造长江中国经济支撑带的重大机遇，联合云南、贵州，共同打造长江上游川滇黔航运中心。

3.3 港口合作——国内与国际合作并行

3.3.1 港口合作的意义

（1）降低经营风险，提高港口投资收益率。港口建设项目投资大、建设期长，面临的风险也相对较大。港口经营者可以通过共同投资来降低经营风险。例如在码头基础设施、经营设施、后方集疏运设施等领域共同投资，这样在扩大港口经济规模的同时，可以极大地降低单独投资带来的风险。

（2）市场渗透。从长期发展角度看，港口经营者不能只限于在本地区发展，一个成功的港口经营者也应该是一个成功的资本运营者，通过资本联合，可以使港口经营者渗透到其他地区的港口市场，拓展其业务范围，实现港口业务全球化。

（3）提高港口抵御外界的能力。通过与本地区的其他港口联合，使资源、能力和核心竞争力都能结合在一起共同使用，从而提高该地区港口的市场生存力和整体竞争力，如与船公司、货主谈判的能力等。

（4）改善组织机构，提高服务水平。通过积极的竞争，促使港口经营者通过共同投资配备各项服务，如通信服务、人员培训、内陆仓储、市场营销、运输连接、资金流通、软件开发与维修、存货供给等，从而减少风险，提高服务质量。同时，通过两港乃至多港间在信息、技术、机械、人员等方面的交流与共享，也能有效提高单个港口的服务水平。

（5）降低成本，提高经济效益。由于该地区港口服务水平的改善，吸引了更多的船舶挂靠，港口通过能力和使用率提高，减少营运成本，增加港口盈利率，从而提高了经济效益。同时由于规模经济，通过扩大港口生产规模降低了装卸成本。

3.3.2 国内合作

（1）双流综保区和泸州港实现"区港联动"。2014年4月，成都高新综合保税区双流园区与泸州临港产业物流园区签署"区港联动"战略合作协议，双方将重点在物流合作、构筑区港快速通关机制、促进产业联动三大方面开展密切合作，构建双流综保区—泸州港低成本、高效率的物流大通道。今后，双流综保区的企业可以利用双方便捷的交通条件和物流优势，享受更多的优惠政策，降低物流成本，实现航空物流与港口物流的无缝对接。企业的货物通过海关、商检现有快速通关模式以及即将实施的"全域通"通关模式，将实现区港两地通关、绿色通道无障碍，一次申报，一次查验，一次放行。此外，还可在泸州港享受到优先装卸、免费堆存，24小时预约通关，往返两地的集装箱车辆经成自泸高速公路减免通行费等优惠政策。

（2）优先发展沿长江城市经济带建设。大力加强重庆沿江而上的防洪治理和航道改造建设，加快宜宾—泸州港建设，加快宜宾—泸州—重庆沿江高速公路建设，启动建设连接内江、自贡、宜宾的川南城际铁路，提升完善沿长江交通网络体系。整合资源优势，将宜宾—泸州港作为整体进行打造升级，建设成为四川及滇东、黔北地区最便捷的出海通道和实现江海联运的枢纽港。依托宜宾、泸州港建设，大力发展临港经济和通道经济，积极承接长江中下游产业转移。加强与重庆港的合作，加强在人才、技术、信息等方面的合作，同时实施差异化发展战略，减轻和降低与重庆港同质化竞争程度。

（3）加强与武汉港、上海港"水水中转"业务合作。近年来，泸州港不断走出四川，与武汉、上海等港口进行对接，以寻求进一步的深入合作。2010年12月，泸州市政府同武汉市政府签署港口物流发展战略合作框架协议，泸州港同武汉国际集装箱转运公司（WIT）签订合作协议；2011年12月，泸州港同武汉港务物流集团签订水路运输中转合作协议。2013年9月，泸州—武汉—台湾集装箱快班首航，为两地进一步深入合作奠定了基础。2015年1月，泸州市人民政府与上海国际港务（集团）股份有限公司签署《港口物流发展战略合作框架协议》。双方利用自身港口资源，积极为对方提供信息、搭建平台，推动上海港提高辐射西部地区的能力，同时吸引更多货源尤其是外贸货源在泸州集聚，带动泸州外向型经济快速发展，推动泸州打造名副其实的川滇黔航运物流中心，为长江经济带建设作出积极贡献，开创互利共赢的新局面。

3.3.3 国际合作

2014 年 7 月，由中外运泸州港保税物流有限公司投资建设的泸州港保税物流中心（B 型）项目进场施工。依托泸州港保税仓和出口监管仓功能，泸州将继续推动实现与成都空港保税物流中心（B 型）、青白江铁路保税物流中心"三位一体化"合作发展。国家对外开放的步伐越来越快，当前已逐步由沿海向沿江及内陆和沿边城市延伸。泸州作为四川水陆空三大对外开放的重要口岸之一，抓住了长江经济带建设机遇，通过发挥泸州港比较优势，不断深化与成都、武汉等地的合作，持续拓展经济腹地，泸州正在成为四川乃至中国西部扩大开放的新中心。2014 年 11 月，泸州港举行了"泸—宁—韩"集装箱班轮首航仪式。该航线依托南京港、泸州港的优势，对"泸州—上海—釜山"航线进行有效补充，为四川和滇东、黔北地区企业打造了一条新的外贸进出口物流通道，为经济发展提供强有力的支撑。泸州已开通的"泸州—武汉—台湾"，以及即将开通的"泸州—南京—韩国""泸州—南京—日本"航线，都为泸州口岸的开放发展创造了条件。

根据泸州港现有的航线情况和今后的发展规划，结合 2014 年四川进出口总值国别分布情况，泸州港未来 3~5 年内在港口国际合作方面可以考虑以下几个发展方向：一是高度重视泸州港与东盟国家、韩国、日本及中国台湾地区等地的合作，以即将建成的保税物流中心（B 型）为依托和窗口，把食品、化妆品进出口作为一大着力点。二是重点发展与欧洲、北美等国的贸易交流。根据四川省进出口总值国家分布情况，2014 年四川省与西班牙、波兰、美国、瑞典等国的进出口贸易增速都保持了较快水平，在今后几年发展潜力巨大。三是积极开展与澳大利亚、新西兰等国的贸易航线。把国际优质乳制品以更低的价格引入西南市场，满足国内对进口乳制品的需求。

专栏一 奥地利：多瑙河协调发展

多瑙河是欧洲第二大河，是欧洲极为重要的国际河道，全长 2857 公里，流域面积 81.7 万平方公里。多瑙河发源于德国黑森林地区，流经德国、奥地利、斯洛伐克、匈牙利、克罗地亚、塞尔维亚、罗马尼亚、保加利亚、摩尔多瓦和乌克兰等 10 个中欧及东欧国家，是世界上流经国家最多的河流，最后从多瑙河三角洲注入黑海。多瑙河流域范围还包括波兰、瑞士、意大利、捷克、斯洛文尼亚、波斯尼亚和黑塞哥维那、黑山、马其顿共和国、阿尔巴尼亚等 9 个国家，有大小 300 多条支流。

多瑙河流域人口达到了 1 亿人，目前参与多瑙河战略的国家达到 14 个，其中 8 个为欧盟国家。在这 8 个欧盟国家中，有 6 个是新入盟国家。与此同时，多瑙河战略成员国当中还有 6 个被认为是潜在的可能加入欧盟的国家。因此，欧盟将多瑙河战略作为推动欧盟东扩，连接欧盟与东南欧地区的重要战略。此后，成立了多瑙河战略委员会，负责协调相关政策。在制定该战略时，各成员国和相关各方确定了多瑙河战略的四大政策支柱，包括加强多瑙河流域国家的联系，共同开展多瑙河流域环境保护，促进多瑙河流域共同繁荣，强化多瑙河流域国家的影响力。

在此政策的指引下，多瑙河战略以欧盟区域发展政策为依托，重点关注流域国家在基础设施建设、环境保护、旅游产业、航运等方面的共同优势和利益，利用欧盟区域发展资金的支持谋求共同协调发展。

目前，多瑙河战略已经取得了一定的实质性进展，流域各国目前正在为进一步落实具体的政策措施努力。例如在洪水防治方面成立流域国家共同协调的应急反应机制，在经济方面举办多瑙河流域国家企业论坛并共同建立多瑙河研究与创新基金等。多瑙河战略与欧盟早前的波罗的海发展战略一样，将流域合作与协同发展作为区域跨国协调战略的基本方向。利用流域优势、紧抓共同利益则成为多瑙河流域国家共同协调发展的重要基础。

3.3.4　拓宽发展思路，加快建设无水港

无水港是指具有无水港性质的货物转运中心，提供货物收发、拼箱、海关清关、过境运输、暂存和集装箱存储及维修等服务。随着我国经济的飞速发展，外贸出口量逐年递增，港口的作用日益凸显，港口间的竞争也日益激烈。为了争取到更广阔的经济腹地和货源，提升港口的综合影响力，同时也为了在构建综合交通网络中减轻环境污染，无水港的建设已经成为港口发展的一个重要方向。从国内外建设无水港的成败经验来看，无水港的建设有以下几点必备要素：第一，优越的交通区位条件。一般来说，内陆无水港多处于区域性地理中心，为其提供便捷高效、无缝衔接的多式联运创造了先天环境。第二，良好的交通基础设施。这是决定货物运输成本的关键因素之一，也是港口今后要想

实现长远发展的重要基础。第三，港口功能的协同。内陆无水港不仅是一个集装箱多式联运枢纽，具备保管、存储、转运、集散货物功能，同时也应该具有对货物的检查、检疫、报关等功能。港口的多层次功能要想得以充分实现，就必须提高各部门工作衔接的便捷度，才能为客户提供灵活、快速、高效的服务。第四，政府和公众的支持是内陆港得以长足发展的行政保障和社会基础。

鉴于泸州港发展的现状和目前进出口货物的分布情况，我们建议泸州港可在未来将成都青白江、龙泉物流中心、广西凭祥作为无水港建设的合作对象。

（1）青白江物流园区——铁路集装箱中心站。

位于青白江区的成都市铁路集装箱中心，是亚洲最大规模的集装箱中心站，中心站在成都国际集装箱物流园区内，位于宝成、成渝、成昆、达成四条铁路干线交汇处；经过货运大道可实现与成都其他物流园区和物流中心的有限流通；经过成绵、成南、成渝高速公路可分别辐射成德绵经济带、成渝经济区。整个国际集装箱物流园区主要是以集装箱多式联运和集装箱增值服务为主，以工业配送、商业配送、国际物流、物流装备制造、国际采购与展示以及冷链物流为重点。作为成都地区铁路运输的唯一口岸平台，该区主要为企业提供便捷、高效的报关、通关服务。

2014年8月，泸州港—成都青白江、新津铁水联运集装箱班列已经开通，使泸州成为"一带一路"交汇点上的重要节点，同时也贯通了一条新的国际大通道，即"上海—泸州—成都—欧洲"大通道。泸州港与青白江的铁水联运，能够使长江水运通道与蓉欧铁路连接起来，使四川对外开放的格局发生有利转变。

（2）龙泉——公路口岸。

龙泉驿成都公路口岸，位于龙泉物流中心内。成都公路口岸具有国内集装箱多式联运、国际集装箱中转、海关监管、出入境检验检疫、进出口货物集散、仓储、物流配送、国际货代等各种现代物流服务功能，是西部地区首家具有"一关三检"功能的国家二类陆路通关口岸。该口岸由四川成都公路口岸股份有限公司负责投资和自主经营，目前尚在建设中。该口岸将集海关、进出口商品检验、卫生检验、动植物检疫功能为一体，并有集装箱物流中心、多式联运服务、国际货代船代、报关行、保税仓等系统的港口配套服务功能。

泸州港可以将龙泉物流中心作为港口公路集散的一个节点，构建公水联运物流通道，重点集散龙泉汽车城的整车、机械零部件，打造出一条高效的汽车供应链物流。

（3）广西凭祥——铁路口岸。

作为广西陆地边境线最长的地级市和中国通往东盟的陆路门户、最便捷的"南大门"，广西凭祥位于中国东南沿海城市发展带、西南经济区、泛北部湾经济合作圈、南宁至新加坡经济走廊及大湄公河次区域的中心地带，区位优势独特。广西是中国对越南贸易的第一大省区，越南则连续14年成为广西的第一大贸易伙伴。2012年双方贸易额达97.3亿美元，占中越贸易总量近五分之一。目前，凭祥是中国通往越南最大的陆运口岸，肩负着沟通中越两国之间国家贸易、地方贸易和旅客进出境业务的担子。多年来，凭祥的外贸进出口、对东盟进出口、对越进出口、边境小额贸易进出口总额等八项指标连续位居广西第一。凭祥已连续六年实现红木家具进口总额中国第一，连续四年实现对东盟水果进出口总额中国第一。此外，中国－东盟博览会一直都在广西举行，这对于打造中国－东盟自贸区升级版，提升中国－东盟合作水平，推动双方战略伙伴关系具有十分重要的意义。

总之，在沟通东盟与中国货物进出口的功能上，凭祥具有得天独厚的区位优势和政策条件。泸州港要想与东盟国家建立更为紧密的货物贸易关系，可以把凭祥口岸作为港口功能的延伸，以此来争取更广阔的经济腹地和更丰富的货源。

专栏二　国际无水港发展模式介绍

无水港，又称"陆港"，是指在内陆地区建立的具有报关、报验、签发提单等港口服务功能的物流中心。在无水港内设置有海关、检验检疫等监督机构为客户通关提供服务。同时，货代、船代和船公司也在无水港内设立分支机构，以便收货、还箱、签发以当地为起运港或终点港的多式联运提单。

一、国际无水港发展的成功案例——美国、西班牙

1．美国芝加哥——公路－内河联运物流中心

港口介绍：芝加哥内陆型物流中心是公、铁、内河多式联运的物流中心，协同合作的沿海港口是洛杉矶港、长滩港。芝加哥不仅能够通过内陆水运与洛杉矶港、长滩港连接起来，形成公路－内河联运，而且还能通过密西西比河及五大湖区和周边的运河与加拿大相连；芝加哥作为全美的铁路枢纽和伊利诺伊州公路系统的中心，共有12条干线公路和32条铁路线交汇于此，连接美国各大城市；同时，还有世界上最繁忙的国际机场之一的奥黑尔国际机场，是美国的水、陆、空运输中心。

运营模式：多式联运中心，业务范围主要包括多式联运货物拼装业务、分

拨业务、仓储业务和轻工业制造业，协同了多种交通方式和分拨中心，提高了运输效率，更多地采用铁路运输，促使了运输成本的降低，种种有利因素汇集起来，便于为客户提供极其高效的国际贸易货物的全套服务。

2. 美国堪萨斯——公铁联运的内陆物流中心

港口简介：堪萨斯物流中心是公铁联运的内陆物流中心，是美国最大的铁路运输枢纽，共有五条重要铁路线经过；堪萨斯也是三条州际高速公路的交汇点；内河运输和航空运输也很发达。在经济发展方面，农业和制造业是它的两大支柱。随着近年来港口货物处理量的增加，美国沿海港口洛杉矶港、长滩港日益拥堵，效率降低，这在客观上为堪萨斯物流中心的形成提供了有利条件。

运营模式：堪萨斯港作为内陆港分拨中心，主要包括分拨中心、仓库、第三方物流和制造业企业等，另外还设有外国海关办公室为货物运输提供通关服务。采取公私合营的方式，运用贸易数据交换来提供货物实时位置和安全状态，以提高供应链的效率。

3. 西班牙马德里——多式联运物流中心

港口简介：马德里港依托于公铁联运的物流中心，协同合作沿海港口有阿尔赫西提斯港、巴塞罗那港、瓦伦西亚港、毕尔巴鄂港。马德里是西班牙的交通枢纽，在南边通过直布罗陀海峡可抵达非洲，在北边越过比利牛斯山可抵达欧洲腹地；有多条铁路经过马德里，并且有连接法国和葡萄牙的国际铁路。马德里的巴拉哈斯机场为全国最大的国际航空港。

运营模式：马德里无水港是海关监管活动的枢纽，能够执行完整的海关流程。由海关局和税务局共同管辖，采用的是与传统沿海港口相同的海关和税务管制方式。此外，它还采用信息平台运营模式，利用互联网来简化操作员的指令和提高在海关处报关的机动性，这种新的运营模式促进了国际贸易的发展。

二、国际无水港发展的失败案例——澳大利亚

澳大利亚恩菲无水港由于官僚主义和各种政策的影响，及民众的支持度较低等原因，该无水港发展并不顺利，没有取得预期效果，具体原因如下：

现存的铁路运输网络包含客运和货运，客运占据了主导地位，并具有优先权。在这种既含客运又含货运的铁路运输网络中，货运只允许在上午6点至9点和下午3点至7点这两个时间段内执行。但由于悉尼港和公路交通非常拥挤，开辟铁路货运专用线显得很必需，这需要巨额投资。然而，由于强大的公路团体协会反对铁路运输和多式联运的发展；由于恩菲内陆无水港坐落于都市区，而当地居民想要的是公园而不是交通场所，担心内陆港建成后造成当地的交通拥堵；此外，恩菲无水港距离沿海港口悉尼很近，多式联运枢纽离城市区

域越近，需求也越大，在环境方面付出的代价也会越高，因此民众不支持。

从恩菲无水港的失败案例可以得出，政府、社会团体和民众的支持对无水港的成功建设运营至关重要。政府需要出台政策刺激推动无水港发展，确定其总体发展方向和战略，规范管理体制，监督行业管制，并且颁布相关的政策、法律、法规进行指导和约束。无水港的健康发展还需得到社会团体和民众的支持。此外，政府、社会团体及民众之间要达成协调一致，这就要求信息透明化，政府对于发展无水港的设想及其优点缺点都要毫无保留地让公众知情，而社会公众对无水港建设的支持反对、好处弊端也应该与政府沟通，做到彼此信息对称。如果最终能达成一致，此无水港项目建设才是可行的。

国外典型内陆无水港建设比较

类别	城市	沿海港口	多式联运方式	功能	运营模式
成功案例	堪萨斯	洛杉矶港、长滩港	公铁联运	分拨中心、仓库、第三方物流企业、制造业、海关办公室	非营利性经济组织，采取公私合营
	芝加哥	洛杉矶港、长滩港	公铁水联运	多式联运或物拼装中心、仓储中心、轻工业制造业、"门户中心"机动车制造业	公私合营
	达拉斯	洛杉矶港	公铁联运	多式联运中心、分发中心	公私合营
	马德里	阿尔赫西提斯港、巴塞罗那港、瓦伦西亚港、毕尔巴鄂港	公铁联运	多式联运公共物流信息平台，客户在里面可以进行完整的海关流程的操作	由海关局和税务局共同管辖
失败案例	恩菲	悉尼港	公铁联运	多式联运物流中心、分发中心	公私合营，政府参与度低

资料来源：《交通世界》2013 年第 14 期《国外内陆无水港经典案例分析及经验借鉴》。

3.4　港口航运市场培育——物流配套与产业布局

泸州港地处川滇黔渝结合部，是我省最重要的内河港口之一。近几年来，泸州港航运市场规模逐渐扩大，对经济发展的影响作用也在逐渐扩大。纵观国内外先进港口的航运市场培育方法，大致分为3种：一是以推广集装箱业务为代表的开发新业务增长点的航运市场培育方法；二是以提升港口物流效率为代表的完善港口物流配套设施，提升港口竞争力的航运市场培育方法；三是以推动港口临港产业发展为代表的对临港产业进行产业布局，促进港口产业与港口互动发展的航运市场培育方法。这几种航运市场培育方法侧重点不同，培育效果各有优劣。针对泸州港航运市场现状，目前认为，大力发展推广集装箱业务，完善泸州港港口物流配套设施，提升港口货运业务效率并对泸州港临港产业进行合理布局，促进港口与产业联动发展的方式，都能够有效地培育泸州港航运市场。

（1）推广集装箱业务。这是泸州港跨越式发展的一个着力点。2014年泸州港集装箱吞吐量已经达到284740标箱，占整个四川水运集装箱运输总量的72%。按照改善服务品质，扩大市场的策略，泸州港集装箱码头在继续扩大泊位能力的同时，应强化临港物流仓储系统、信息系统以及支持保障设施设备的完善，并大力发展公水、铁水以及江海联运等多式联运业务，开辟新航班航线，注重培育大型港航、物流企业，形成以港口为中心的企业"生态系统"，实现降低物流成本、扩大培育航运市场的目的。

（2）完善港口物流设施。这是提升港口物流效率的关键所在，它关系到公水联运、水空联运等联合运输的物流效率。港口物流设施的完善和布局优化分析是泸州港物流规划工作的重要组成部分，它涉及港口物流设施的需求分析、层次划分、数量确定、规模确定、选址、物流需求分配等一系列问题。港口物流设施系统规划设计的科学性、有效性决定着物流网络的运行效率和服务水平。

（3）优化产业布局。这是资源配置区域化特征的体现，是关系区域经济发展和一国经济增长效率的重要因素。产业布局的研究一直是宏观层面的政策制定者制定产业政策的依据，同时也是微观经济主体面临的约束变量。适合的产业布局能够使港口与临港产业，临港产业与腹地经济产生相互联系进而相互促进，共同发展。目前来看，泸州港的临港产业还非常的薄弱，没有能力支撑泸州港的业务需求量。而无论国内还是国外的先进港口都有成熟的临港产业来支撑港口的发展，同时港口也成为临港产业发展的一大优势，因此，对泸州港进行产业布局具有十分重要的现实意义。

3.4.1 港区产业布局理论概述

（1）港区工业化研究。比较突出的理论为增长极理论和点轴理论。港口作为增长极核，必须与区域的工业化结合来促进新的区域增长点的形成，于是港口区域工业化成为这一时期港口与区域发展研究的重点。20 世纪 50 年代中期，许多国家将依托港口空间的工业化增长，即临港工业开发区的建立作为政府对国家经济干预的重点，以促进新的区域增长点的形成。港口工业化亦成为这一时期港口与区域发展研究的重点和热点，其中，《城市港口工业化与区域发展》一文把港口发展、城市扩张、工业发展以及区域开发的交互作用作为研究的主题，全面地分析了自由港、自由贸易区、出口加工区的建设对区域发展的贡献。

（2）港口与腹地关系。腹地的存在与变化体现了港口与城市、区域之间的相互依存关系。20 世纪 50 年代的历史已经表明，腹地在港口形成与发展过程中的决定性作用。20 世纪 60 年代后，对港口与腹地的相互依存关系有了进一步的认识，认为港口发展是区域经济增长的重要因素，港口建设应成为国家和区域发展的政策中心。运输的集装箱化和全球经济一体化打破了港口与腹地之间传统的运输联系网络。集装箱运输及随之迅速发展起来的国际多式联运极大地扩展了港口的吸引范围。在先进的技术条件下，传统的腹地概念也发生了很大的变化，港口之间的竞争更趋激烈。一些港口由于解除了政府管制，加强了与铁路的协作，从而强化了原有的区位优势，腹地得到扩展；另一些港口却失去了原有的腹地。港口与腹地的关系更趋复杂化，腹地空间呈现出多样化发展趋势。

（3）港城关系。港城关系主要是指港口和城市的协同发展为标志的系统论。港口是物流网络的关键节点，相关产业在港口或港城集聚，形成了港口的产业集群优势。所以，因地理位置的独特性和产业的相关性，港口产业的集聚现象日益突出，协同发展的要求和可能性越来越大。20 世纪 80 年代，港口和港口城市协同和一体化逐渐得到体现。现代典型的港口产业及其发展特征是十分特别的。港口产业自身的特点使其往往有空间集聚发展的趋势，并迅速成长为区域的优势产业和主导产业，这使得港口产业的空间演化基本呈现以港口为核心的"波浪"式扩张，即从港口作业区建设—港口产业核心区域形成—港口产业带的形成—临港产业集群的演化轨迹。

3.4.2　围绕泸州港产业布局的建议

根据泸州港临港产业和腹地经济的现状，以及港口工业化程度、港口与腹地经济关系，泸州港产业布局应当以宏观统筹规划为基础，分层设计产业布局，根据港口产业特征、区位和物流设施等作为统筹规划的参数，在自由选择和公平发展的前提下形成多中心、具有区位分工特点的港口产业布局形态。

（1）充分发挥长江水运优势，降低物流成本，提高腹地承接产业转移的承载力、吸引力，引导产业沿江集聚发展。重点促进泸州市食品加工、精细化工、机械、新能源等传统产业向精细化、高端化等方向发展，并带动现代服务业以及新材料、新能源等战略性新兴产业加速成长。从产业链的角度进行泸州市的产业布局，即以特定产业的研发、生产、分销链为主体，进行产业布局，争取国际化产业链在泸州港临港园区布局，最终起到集聚优势资源，发展重点行业，提升泸州港航运中心市场地位的作用。

（2）突出泸州港的区位优势和长江黄金水道的纽带作用，引导优势产业沿江集聚。积极推进川滇黔三省共同合作，努力使得三省重点产业围绕泸州港进行布局，并把握港口新一轮扩张的一体化发展机遇，形成各省优势互补、港口运输能力与货源运输资源共享、港口与产业协同发展的新局面。开创以港口为平台的省际区域合作新模式，最终使泸州港成为毗邻区域充分发挥资源优势、产业优势，真正成为川滇黔航运中心，共同融入长江经济带的战略平台。

3.5 港城互动——以港兴城

"以港兴城，港以城兴，港城相长，衰荣共济"是世界港口城市发展的普遍规律，一方面揭示了港城关系的变迁过程，另一方面也反映了港城相互作用的内在机理。我国处于经济快速发展时期，港口吞吐量连续多年居于世界首位，但港口城市发展却相对落后，究其原因在于港口与城市之间未形成有效互动。

近年来泸州市"港城互动"取得一定成效。泸州港 2007 年被确定为四川省唯一的全国内河主要港口，泸州市大力实施"以港兴城"发展战略，港口建设受到高度重视，以龙溪口国际集装箱码头为核心的基础设施建设取得重大阶段性进展，港口集疏运体系不断完善，建成了我国内河首个集装箱港区铁路专用线。近年来，港口年货物通过能力达 3540 万吨，核心港区集装箱通过能力达到 100 万 TEU，并已建成港区铁路专用线。目前，泸州港已成为川滇黔渝地区实力领先的枢纽港，对腹地经济发展的支撑作用日益凸显，在完善区域综合运输体系，带动腹地资源开发，支撑沿江产业布局，促进内陆开放型经济发展中发挥了重要作用，未来泸州港更将在以下方面推动泸州城市综合实力的提升。

3.5.1 发展泸州港，助推经济转型

经济新常态下，经济下行压力大，只有经济转型才能更好发展。港口作为水陆运输的集散点，可以凭借其临水的优势，促进所在城市和地区的商业、仓储业、金融业、外贸业、旅游业等的发展，具体路径为以打造优势产业、培育产业集群和强优企业为重点推动工业快速发展；打造临港产业集聚区，优先发展食品加工、精细化工、重工机械等制造业，积极发展现代物流业、商贸业等第三产业配套；充分发挥港口经济的集聚效应，推动三大产业优化调整，改造升级。

3.5.2 发展泸州港，服务集疏运大局

泸州港作为衔接水路的枢纽港口，将对城市的集疏运起到承上启下的核心作用。泸州港大部分港区、作业区主要与后方城镇道路连接，集疏运公路等级较低，且对城市交通干扰严重，即使是集疏运条件稍好的龙溪口集装箱作业区，以及 2015 年 3 月将投入运行的保税中心（B 型）目前也尚未实现高等级公路直通港区。应以泸州港为依托，加快多层次的铁路设施建设，优化调整公路功能和网络格局，拓展海空专用航道，把泸州打造成通江达海，东接太平洋，西联欧亚大陆的重要节点城市，服务于城市集疏运规划，发挥顺畅、高效、智慧衔接的功能。

3.5.3 发展泸州港，助力泸州"外向型经济"

泸州港作为川货走出去的门户大港，在四川省推进腹地外向型经济中起到了关键作用，我省目前的进出口货物集装箱 72% 通过泸州港以江海运输方式中转。外向型经济发展、进出口贸易对于拉动四川经济发展有重要作用。四川省作为"一带一路"与长江经济带的辐射省份，位于西南腹地，通过泸州港打通西部，辐射欧亚等主要进出口目的地与来源地，泸州必将成为"外向型经济"的高地。

3.5.4 发展泸州港，完善"智慧城市"功能

泸州市正着力于打造"智慧城市"，智慧的一大体现是信息化。泸州港目前已初具信息化雏形，就港口本身而言已形成较为完备的信息化功能，基本实现"无纸化"运作。未来，泸州港将与海关、检验检疫、海事、港口行政管理部门及船公司、代理公司、客户等物流链之间建立起综合的信息平台，完成全

过程、全方位覆盖的信息交流。这必将为泸州构建高效、智慧城市，发展成为依托信息化平台的现代商贸物流中心、货物中转配送基地、大宗货物交易中心提供强大支持。

3.5.5 发展泸州港，打造"城市新名片"

纵观世界名港，不论是国际航运中心伦敦，还是国际中转大港新加坡，或是腹地型大港鹿特丹，甚至是区域型小港惠灵顿，都将港口及周边规划为集商贸、观光、文化、娱乐休闲为一体的城市核心功能区。泸州港沿岸风景壮美，已有的荔枝林绿带绵延，但是缺乏相应的文化、娱乐休闲设施配套，通过综合规划和打造泸州港周边，引导人流、货流向此区域集聚，泸州港必将成为泸州城市新的"名片"。

综上所述，泸州市的发展应坚持"港城互动，以港营城"的发展战略，按照"横向整合、纵向互动"的要求，打造现代港城都市，统领区域协调发展，突出区域资源配置作用。结合泸州港与泸州市港城互动的现状，泸州市现代港城都市发展策略如下：

（1）构建综合集疏运系统。发挥多式联运优势，构建以区域核心港口为中心的集疏运体系，为现代综合物流网络奠定基础。加强疏港铁路、公路及内河航运建设，推进公水、铁水、空水和水水等多式联运系统，强化与腹地联系。加快航道整治升级，建设连接长江各港口码头及国际港口的直接通道，提高货物中转效率。

（2）构建港口集群。参照跨国战略联盟的模式，探索跨港战略联盟，加强与宜宾、重庆等港口的战略合作关系，实现区域内港口资源和功能互补，形成港口物流合作的全球洼地。如西江港口联盟，是由珠海港控股集团有限公司倡议，沿江各城市港口企业共同发起，自愿组成的企业合作组织，携手推进西江流域港口合作和一体化进程，共同打造西江经济带。

（3）打造全球供应链节点。泸州市应以泸州港为枢纽中心，完善物流服务，形成全球物流供应链节点。一是依托信息化，建设智能港区，并实施类自由贸易区政策，提供保税、国际中转、展贸及配送等物流增值服务，形成现代港口物流体系。二是实施"属地申报、口岸验放"的区域通关模式，促进区域货物的无障碍流动。三是建设公共物流信息平台，整合区域内物流信息资源，实现资源共享。如新加坡港实行"一条龙"经营，将物流企业与港口其他企业乃至腹地工业发展形成一体化，围绕业主提供多形式增值服务。

（4）培育临港制造业集群。承接国际技术、东部电子信息产业转移以及川内军工转民用的契机，调整产业结构，将产业向高新技术方向进行引导和调整，积极发展配套产业及关联产品，拉长产业链条，提升产业经济层次和规模。大力建设临港产业园，发展一批与港口密切相关的产业，培育和发展港口经济，以港兴城、以城促港、港城一体。

（5）建设高端航运服务中心。围绕生产、物流、信息、商贸、金融等多个维度，按照全方位、多功能、现代化的要求拓展港口服务功能，使城市转变为采购供应和配送的基地，成为现代航运服务中心。

（6）打造生态港口。将生态环保理念贯穿港城都市建设的全过程，合理利用长江和沱江优美的自然资源，以建设良好生态环境和高效港口经济，挖掘新的旅游增长点，进一步提升城市品位，实现港城整体发展、和谐发展、绿色发展。

专栏三　惠灵顿港

惠灵顿港位于新西兰北岛南端，是新西兰的第二大港。惠灵顿港除了具备港口功能外，更是整个城市的政治、文化、金融、休闲中心。经由惠灵顿港主要出口货物为羊毛、肉类、木材及乳制品等，进口货物主要有煤、石油制品、汽车及轻工业产品等。惠灵顿港和城市本身浑然一体，惠灵顿人民的生活基本围绕港口展开：

（1）政治中心：离港口仅一个街区的距离是惠灵顿市政厅所在。而形如蜂巢的议会大厦离港口仅 5 分钟的步行距离。

（2）文化中心：港口里建了各种博物馆，其中 Te Papa 国家博物馆占据了极佳的位置，可以看到整个港口的风景及设施。

（3）经济金融中心：惠灵顿的 CBD（核心商务区）依港口而建，银行、保险公司和金融机构鳞次栉比在港口一字排开。

（4）休闲中心：绕整个港口修建健身绿道，绿道两边刻有与新西兰历史相关的重要人物简介，并搭建市民健身中心，海上篮球网球室，大大小小各种风格的餐厅、酒吧、剧院、电影院散落于码头精心布局的休闲区域内。市民或游客可以悠闲地坐在法国风格的餐厅喝着咖啡，看集装箱的起吊和无边的海景，别有一番风味。

（5）港口的东岸布局了海关封闭监管区域，区域内物流公司林立，各种散杂货仓库按门类分区，离海岸最近的堆场堆满新西兰的主要出口物资——木材，直接由进港铁路运进港口内堆放等待船期。

惠灵顿港口是"小而美"且极现代化的港口，也是以港营城的典范。

3.6 绿色智慧港口——航运综合信息服务

"绿色"代表低碳、经济、环保、可持续，"智慧"代表现代化、智能化、高效化、信息化。建设"绿色智慧"港口，就是以绿色港口为目标，以智慧港口为平台，打造高效的航运综合信息服务。随着国际、国内环境的变化，现代港口呈现出泊位大型化、航道的深水化、管理信息化、设备专业化、港口功能多元化等发展趋势，这些变化都说明港口越来越朝着"绿色化"的方向发展。目前，泸州港航运业、物流业整体上处于一个较低发展水平，信息化程度不高制约了泸港业的发展。航运信息平台应当是建设信息化港口的基础要件，也是当务之急。

3.6.1 国际港口信息平台建设情况

从运营规模、信息化水平及世界影响力来说，世界级大港都有着先进的信息服务平台，利于"一站式"电子通关、全流程货物跟踪等。

1. 新加坡的 Tradenet 和 Portnet 平台

20世纪80年代后期，随着港口箱量的集聚增加，落后的管理与组织方式已经无法满足新加坡港的发展要求。在新加坡贸易工业部的牵头下，政府于20世纪90年代初正式在全国开始实施EDI，建立了 Tradenet 和 Portnet 航运综合信息平台。

Tradenet 平台通过横向和纵向联合，将全国范围内所有国际贸易主管机构和多家公司连接到一个网络系统中，由政府出面将新加坡所有公司以会员形式纳入此平台，并缴纳会费（不加入该平台的公司会受到种种限制和政策歧视），公司出货时，先进入此平台，填写基本需求（包括货物名称、数量、目的地、特殊要求等），然后提交平台由政府相关部门审批，从提交到出口审批的获得时间只有三分钟。而之后的三小时之内，公司会收到有平台自动生成的信息表，包括针对这批货的提取、运输、港口交接、装船以及到达目的地之后货物提取的所有细节，并包括保险推荐、银行结售汇推荐以及法律服务推荐的相关信息。政府强力的调配能力和介入使这张信息表成为该公司的"最优选择"。信息单是信息化平台发出的"指令"，而公司只需要执行。

Portnet 系统使得港航界可以轻松管理复杂的港口作业，控制整个货物运输流程，掌握船只进出港、舱位安排、货物在港状态、预订舱位等信息。这两个系统相互独立，但又相互连接，共同构成了政府监管机构、航运公司、货运代理和船东之间有效的、无纸化和便捷的沟通渠道。通过这一模式，全面优化港口物流管理，极大地提升了物流的效率。事实证明，这一专业化的政府机构在新加坡航运产业集群的发展过程中起到了至关重要的作用。

2. 韩国的 Ktnet 平台

韩国的 Ktnet 平台能够使贸易交易通过网络完成，达到真正的信息化，它提供的主要服务有开信用证委托和保证书、货物保险申请、支付通知、到达通知、原材料购买批件申请、报关申请等。

3. 中国香港的 Oneport 平台

中国香港物流平台 Oneport 满足客户对一个世界级信息交换系统的需求，为中国香港运输及贸易界提供开放、中立、安全及可靠的电子平台服务，促进所有港口使用者之间的电子信息流转。Oneport 系统是通过 TradeLink 与 Arena 和各集装箱码头公司的网络连接来提供"一站式"服务的，提高了港口的整体商业运作效率。

上述世界级大港中，新加坡港作为世界领先的港口有许多值得借鉴的地方，新加坡侧重于行政干预，通过政府搭建，将行政权力延伸。新加坡模式建立在政府大力介入的条件下，举全国之力来打造新加坡港，因此才具备了"全球最高效率港口"的美誉。

3.6.2　新加坡港启示

港口在初期基础设施建设及信息化建设时需要大量的资本投入，单凭个人及私人企业是难以实现的。受制于私人企业有限的资本规模及为了规范化管理的目的，泸州港应借鉴新加坡模式，由政府牵头组织协调，成立领导机构，专门负责出面，强力介入，成立物流小组以整合现有信息资源，打通节点，打造航运综合信息服务平台建设工作。通过信息化平台协调港口的信息资源，及时地进行信息交流、互动与共享，可以更精确、高效地完成船舶进出港、装卸、集疏运、交易、支付等生产活动，满足客户对货物运输的高效性要求，保证货物运输在各个节点上的安全和准确，实现政府部门、行业、企业间的物流信息整合共享，降低管理成本，减少业务环节和人工参与，最大限度减少出错概率，提高作业效率，降低业务成本。航运综合信息服务平台应包括如下几个子系统：

（1）绿色信息系统。

其主要是对综合码头操作、船舶营运、港口周边环境等因素对港口生态环境的影响作出相关预测分析，将分析数据和结论抄送相关部门和企业。

（2）电子车牌、电子驾照识别系统。

智能电子车牌系统是一个有检查、监控与管理等多功能的综合系统，可实现港内车辆信息的数字化、车辆识别自动化和车辆管理的智能化，可以准确记录每天出入港口的车辆信息。

（3）岸边垂直装卸系统。

集装箱起重机利用 FRID 读写器，当安装有特定无源电子标签的集装箱接近时，触发岸桥工作，自动装卸。

（4）智能堆场系统。

当集装箱进入堆场时，系统自动识别集装箱号，然后随机指定装卸位置，集装箱到达指定位置时，系统经过验证后将集装箱取下，并保留相关数据。

（5）智能监控系统。

智能监控系统是智能化监控在港口作业机械及进出港口车辆等的应用，对港口物流作业进行识别、判断，并在适当的条件下，产生报警提示，达到监控目的。

（6）水平运输系统。

水平运输系统主要是集成 GPS 智能监控与传感监控功能，通过融合先进技术如 GPS、GIS、GMS、GPRS 等的分布式软件系统，实现对车辆、船舶等移动目标的定位、跟踪及控制，对货物进行实时监控。

如图 3-3 所示，通过航运信息综合服务平台，辅之各个子系统，收集监管部门、运输企业、货主企业的信息数据，实现信息共享，从而实现"绿色"与"智慧"港口建设。

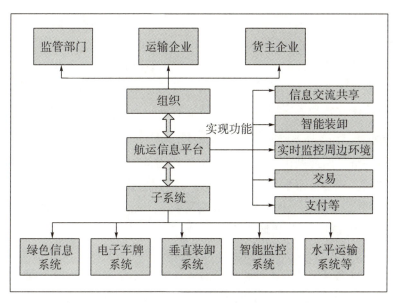

图3-3　航运综合信息服务

3.7　国际贸易大宗商品与消费品集散中心——区域性商贸物流中心

　　泸州港国际集装箱码头是四川省唯一的全国内河 28 个主要港口之一，四川省第一个水运开放口岸和全省最大的集装箱码头，是四川及云贵北部地区最便捷的出海大通道和四川第一港，是连接成渝经济区和南贵昆经济区的重要枢纽港。泸州港区位优势突出，不仅是四川与泛珠三角地区以及与东南亚地区联系的门户城市，也是四川公路、水路出川、出海的南大门，同时也是联系成渝经济区和南桂昆经济区的主要通道之一。在目前全球经济呈现新常态下，泸州港可以依托强劲的区位优势和长江经济带国家战略，结合保税物流中心（B型）建设机遇打造成为一个国际贸易大宗商品和消费品集散中心，开创四川省国际贸易的出海窗口，构建新的经济增长极。

3.7.1　泸州港打造国际贸易大宗商品和消费品集散中心的机遇

1. 长江经济带国家重点战略的机遇

　　2014 年 9 月，国务院发布《关于依托黄金水道推动长江经济带发展的指导意见》和《长江经济带综合立体交通走廊规划（2014—2020 年）》，正式提出将依托黄金水道推动长江经济带发展，扩大交通网络规模，优化交通运输结构，强化各种运输方式的衔接，提升综合运输能力，率先建成网络化、标准化、智能化的综合立体交通走廊，为建设中国经济新支撑带提供有力保障；同时将泸州港作为四川唯一的港口，列入"长江港口系统规划重点项目"，这为泸州港打造国际贸易大宗商品和消费品集散中心拓展了发展空间。

2. 成渝经济区南部城市群共同建设的机遇

成渝经济区南部城市群，是由四川盆地南部的内江、自贡、宜宾和泸州、乐山构成的多核心城市群。2014 年 6 月，四川省出台《成渝经济区成都城市群发展规划（2014—2020 年）》《成渝经济区南部城市群发展规划（2014—2020 年）》，明确提出南部城市群将做大做强自贡、泸州、内江、宜宾"四核"，有序拓展发展空间，强化中心城市协作联动，共同发挥辐射带动作用，统筹周边县城和城镇建设，增强综合服务功能；并要求南部城市群要以长江黄金水道和主要陆路交通通道为纽带，大力发展通道经济和临港经济。泸州港是四川省第一大港，在地理位置和腹地资源上具有绝对的优势，这必将加速优质资源向泸州港聚集，促进泸州港国际贸易大宗商品和消费品集散中心的形成。

3. 跨境电子商务蓬勃发展的机遇

在中国进出口外贸需求趋紧的背景下，由政府部门运作的跨境电商正蓬勃兴起。2013 年 8 月，国务院办公厅转发商务部等 9 个部委《关于实施支持跨境电子商务零售出口有关政策的意见》，自 2013 年 10 月 1 日起在上海、重庆、杭州、宁波、郑州等 5 个城市展开新政策试点。截至目前，我国已有上海、重庆、杭州、宁波、郑州、广州、深圳、长沙等 8 市展开了跨境电子商务试点。前瞻产业研究院发布的《2015—2020 年中国电子商务行业市场前瞻与投资战略规划分析报告》显示，2013 年中国跨境电商进出口交易额达到 3.1 万亿元，同比增长 31.3%；预计 2016 年中国跨境电商进出口交易额将增长至 6.5 万亿元，年增速超过 30%，远高于一般外贸 7.6% 的增速。跨境电商的蓬勃发展（见图 3-4）将会增加对保税仓储、国际物流配送、流通性简单加工和增值服务功能、进出口贸易和转口贸易功能、物流信息处理等的需求，促进泸州港保税物流中心（B 型）的发展，这将极大地增加泸州港国际贸易大宗商品和消费品集散中心的市场需求。

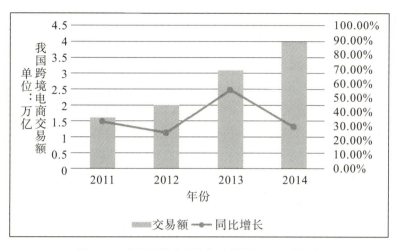

图 3-4　我国跨境电子商务交易额及同比增长率

4. 泸州交通"十三五"期间"两个规划"的机遇

2014 年 12 月，《泸州综合交通运输体系发展规划》《泸州港发展战略研究》通过专家评审，两个报告编制依据充分、定位准确、思路清晰、内容完善，充分展现了泸州市抢抓国家长江经济带建设发展机遇。规划提出：泸州应多轴线布局、多模式发力，尽快消除水运、铁路交通发展方面的短板，在管理和服务的内涵上提升，衔接好信息化和绿色交通建设，将泸州打造成为长江经济带上游重要的区域性综合交通枢纽。"两个规划"评审的顺利通过，意味着更加便利快捷的立体交通网络进入实施阶段，为打造国际贸易大宗商品和消费品集散中心提供了必要的支撑。

5. 泸州港保税物流中心（B 型）

2014 年 11 月，海关总署、财政部、国家税务总局、国家外汇管理局联合发文，批准设立泸州港保税物流中心（B 型），这是四川省第二家保税物流中心。泸州港保税物流中心批准建设面积为 0.21 平方公里，功能主要包括保税仓储、国际物流配送、流通性简单加工和增值服务功能、进出口贸易和转口贸易功能、物流信息处理等。该保税物流中心（B 型）的建设可以整合腹地资源和利用保税区政策优势，实现各功能区联动、产业互动的格局，增强泸州港载体功能，给泸州港打造国际贸易大宗商品和消费品集散中心提供了支持。

3.7.2 泸州港打造国际贸易大宗商品和消费品集散中心的发展措施

1. 依托保税物流中心，规划建设储运配送集聚区

根据长江经济带国家战略部署和四川省物流规划、川南城市群经济发展需要，以食品类、机械设备类、化工原材料类、矿石、钢铁、煤炭等物资为重点，在物流保税区及其周围统筹规划建设一批货物分装分拨中心、大宗散货储运基地和标准交割仓库，提高不同运输模式的集聚程度。要进一步完善配套设施，提高保税物流中心分装分拨能力，提升港口中转储运能力。发挥保税中心的保税仓储、国际物流配送、流通性简单加工和增值服务功能、进出口贸易和转口贸易功能、物流信息处理等功能，积极发展国际贸易大宗商品和消费品集散中心，打造成为川滇黔渝区域性集散中心。争取与国际港口城市如上海港、广西北海港等建立直接大宗商品和消费品贸易通道，成为川内专业的大宗商品和消费品贸易港、物流港，将泸州港打造成为四川省国际贸易的窗口。

2. 发展跨境电子商务平台，构建经济新常态新增长极

目前国际贸易的发展趋势是"去中间化"及中间商的利润和力量将最大限度地削弱，通过电子商务平台，直接连接厂商与消费者。目前我国的跨境进口需求强劲，以 30％的增幅快速攀升，泸州港独特的地理位置和港口条件非常适合承接适合水路运输的国际贸易大宗商品与消费品。初步分析，列出几个产品类别：酒类（泸州的优势产业）、美容保健品（全国电商平台销售额位列第三，日韩系化妆品大受青睐）、奶制品（进口增幅最高，适合水路运输）、用于生产与科研的化工原料及耗材（泸州的优势产业）、粮油产品（适合水路运输）。建议泸州市政府成立团队着手"跨境电子商务"试点城市的申请工作，依托泸州港和 B 型报税中心，建立跨境电子商务平台，引进跨境电商参与企业进入 B 保中心，引导消费者注册电商平台账户，发挥保税中心的仓储、简单包装或改换包装、加刷防伪码、展示（包括外延展示）等功能，最终将 B 保中心发展成为综合保税区，实现加工功能。

3. 培育和引进一批贸易商和物流企业，提高市场竞争力

大力培育和引进一批有核心竞争力的大宗商品和消费品贸易商、交易平台运营商和一批中转、运输、配送等现代物流企业。鼓励和支持相关企业走出去，积极参与大宗商品国际贸易竞争。鼓励和支持泸州港大宗商品交易市场在川滇黔渝范围内实行兼并扩张，建立分支机构，实现发展壮大，并且给予财政与税收的支持。引导企业注重提升自身在大宗商品领域的运营能力，力争从简单贸易商、传统生产商提升到具有国际视角的运营商，从而形成一批机制灵活、决策高效、市场资源配置能力强、价格判断灵敏的一流贸易商和生产商，提高泸州港入驻企业在国际大宗商品贸易市场的竞争力。

4 泸州港现代航运中心平台建设

4.1 物流运输平台

4.1.1 铁水联运

2011 年 5 月，铁道部与交通运输部双方在北京签署了《关于共同推进铁水联运发展合作协议》。文中明确，两部将在完善铁水联运发展规划、加快基础设施建设、完善配套政策和标准、加强运输组织管理、推进信息共享、培育龙头企业等六个方面深化合作与交流。而铁水联运是实现货运无缝衔接的重要手段，是我国目前正在实施的重点项目。

1. 基本情况

铁路运输和水路运输是综合运输体系中两种重要的运输方式，特别是在集装箱以及大宗散货和长距离货物运输中发挥着巨大的作用。铁路和水路两种运输方式，与其他运输方式相比较具有运能大、成本低、节能环保的优势。发展铁水联运，能够加强我国中西部欠发达地区与外界的沟通联系，对西部大开发发展战略的实施提供有利的支撑；发展铁水联运，能够有效促进综合运输体系的形成，对优化运输通道布局、减少运输环节、缩短运输周期、提高运输效率、降低运输费用、促进节能减排具有显著的成效；发展铁水联运，有利于扩大港口的辐射范围，吸引货源，更好地利用沿江港口资源；发展铁水联运，有利于充分发挥水路运输和铁路运输的优势，实现货物运输无缝衔接。

目前，我国集装箱铁水联运的发展仍然属于初级阶段，还存在较多的问题，具体表现在：一是运输环节多，铁水运输部门衔接不协调，各自为政，我国港口站在运输组织流程、票证交接等方面存在不协调现象，造成港口站运输组织环节复杂、物流效率低下、物流成本高；二是港站内铁路基础设施不完善，增加了港站和码头间的搬运次数和装卸次数，无法实现铁水联运的无缝衔接，降低了联运效率；三是港站内各种技术设备不配套，如铁路和水路的集装箱吊装设备不匹配，箱型标准不一致等；四是港口站运营管理信息系统不完善，不能动态、实时地进行信息的交互共享，特别是在 EDI 系统的开发运用方面。

四川处于长江经济带与丝绸之路经济带"两带"的交点，是东西部货物运输的一个中转站。连接长江水运通道与至欧洲的铁路通道，泸州将充当四川的桥头堡，泸州港铁水联运通道的构建，将有力改善泸州港集疏运通道条件，进而进一步改善四川及周边省份的物流条件，将加快腹地城市的货物运输周转速度，大幅降低运输成本，吸引相关产业向铁路沿线城市集聚，在推动腹地经济和社会的发展的同时，对实施西部大开发战略和长江战略，建设西部综合交通枢纽，推动四川及西部经济发展都具有极其重要的意义。

泸州港进港专用铁路直通港口堆场，于 2011 年 9 月建成并投入营运，在长江上游集装箱港口率先实现铁水联运无缝换乘。2013 年 11 月正式开通泸州港—昆明铁水联运集装箱班列。2014 年 8 月，普兴—泸州港往返班列开通。此外，攀枝花、西昌等地钛精矿等也以零星发运至泸州港装船。泸州港进港铁路建成通车后，通过内昆铁路可通达云南、东南亚地区，通过成昆铁路可通达四川的西昌、攀枝花，通过隆（昌）黄（桷）铁路、黄（桷）百（色）铁路可通达贵州、广西，可为成都经济区、川南经济区、南贵昆经济区等地区的经济和社会发展提供通道支撑。货物无须再通过拖车转运到隆昌或由隆昌转运至泸州港，不仅可缩短货物输运时间，运输成本较公铁联运也更低。

2. 泸州港铁水联运存在的困难

（1）运输时效性、灵活性较差。铁路运输与公路运输相比，时间长 1~2 天，无法满足准时制生产企业的需求，并对多批次、少批量的货源也不具备优势，受工厂距火车站之间陆运距离的制约较大。

（2）铁路运输成本较高。以公路运输方式配送货物，可从泸州港直接运抵工厂，卸货完毕直接将空箱运走并免费运回泸州港，或者重新装货后返回泸州港，中途无其他费用。而铁路运输，到达铁路场站后，必然会因批量到达后、配送不及时、货主来不及收货等原因，产生铁路场站堆存费、转场运费及装卸费、空箱返回泸州港运费，以及因不能及时还箱产生的滞箱费等隐性费用。

（3）保税功能不完善。推进海关特殊监督区域建设是支撑港口发展的重要平台。目前，泸州港已经建成进口保税仓和出口监管仓。但是随着西部大开发战略的深入推进，西部外向型经济的快速发展，保税仓和监管仓已经远远不能满足铁水联运大进大出的需要。因此，有必要在更高层面提高泸州港的保税功能。

（4）综合交通体制改革滞后。由于综合交通体制改革不到位，各种运输方式发展自成体系，协调机制不健全，也制约了综合运输整体优势和效率的发挥。

3. 对策建议

泸州港是建设长江经济带港口群的重要组成部分。加快泸州港建设对于增强西部地区发展的内生动力，促进上中下游区域经济协调发展，协同周边地区加快全面小康进程都具有十分重要的作用。为此，要积极争取国家交通运输部将泸州港作为长江经济带战略性综合示范枢纽港给予重点支持。

（1）开展先行政策试点。争取交通运输部牵头协调相关部委组成调研组到泸州港实地调研，指导、协调、解决开行泸州港铁水联运集装箱班列存在的问题，研究支持泸州港（铁水联运）发展的相关配套政策，给予部分先行先试政策，推动泸州港铁水联运发展。

（2）降低物流运输成本。当前，解决铁路运费过高是泸州港发展铁水联运的关键。为此，建议：一是降低费用。以成泸铁水联运为试点，减少铁路运费；铁路场站集装箱免费堆存时间延长至7天，减少场站堆存费；铁路场站向为船公司配套服务的集装箱运输车辆开放进出，减少拖车转场费。二是实行集装箱通用。在铁道部体制改革的背景下，在泸州港开展铁路集装箱与船运集装箱互为通用的改革试点，减少短搬、掏箱、装箱等费用。

（3）加快立体交通体系建设。铁路建设方面，加快建设隆黄铁路叙永至毕节段，早日实现全线贯通，打通成渝经济区至南昆贵经济区的西南大通道，实现四川省铁水联运的对外开放大通道。同时，建议国家相关部委将内泸城际铁路纳入相关规划。同时，建议国家有关部委尽快启动渝昆铁路的可研编制等前期工作，争取早日开工建设，尽快打通这条京渝昆直至东南亚的铁路大通道。航道建设方面，为实现国家打造长江经济新支撑带，推进内陆腹地尤其是成渝经济区发展，建议国家有关部委帮助支持长江上游的航道整治和长江综合开发，推动新路口、石棚、南溪三级低坝航电工程，实现长江上游航道等级Ⅲ级提升至Ⅰ级，切实提高长江航道泸州段通行能力。

4.1.2　公水联运

公水联运是多式联运的一种，是指按照公水联运合同要求，采用公路、水路两种不同的运输方式，通过信息流、资金流的整合，由公水联运经营人作为合同承运人统一组织全程运输，按货主要求将货物从接管地点运至指定交付地点。其本质是将两类不同的运输方式组合成综合性的一体化运输，通过一次托运、一次计费、一张单证、一次保险，由各运输区段的承运人共同完成货物的全程运输，即将全程运输作为一个完整的单一运输过程来安排。公水联运，具有安全、快捷、手续简便、运输合理、结汇及时、包装节省等优点。四川省是一个典型的内陆型经济区，不靠海、不沿边，与沿海主要港口的运输距离超过2000公里，高昂的物流成本已经成为制约四川省经济发展的一大瓶颈。公水联运是指以泸州港为物流中心，通过公路连接成都龙泉、绵阳、德阳等经济腹地，实现四川地区的物资连长江、通上海、达全球的一种新型的多式联运方式，是四川建立现代物流中心的重要环节。

1. 发达国家公水联运模式分析

（1）德国公水联运模式。德国位于欧洲中心地带，是整个欧洲的重要交通枢纽，国际运输的主要对象为美国、中国、俄罗斯，对欧洲内部则主要衔接波兰、芬兰等国。德国的港口与内陆间货物运输主要以集装箱为主。因此，德国公水联运，主要以德国境内的莱茵河为轴线，西端为"ARA"港口群，穿过德国鲁尔工业区，东至东欧地区。其他的多瑙河、易北河、美茵河等也大多与邻国连通，构成了一个四通八达的内河运输网络。由于基础设施的完备，德国水运运输价格低廉、运量大，但速度慢，主要以大批量货物运输为主，如集装箱、建材、矿砂、煤炭、饲料、钢铁、木材以及化工产品等。这使得很多德国企业都选择采用公水联运的形式来进行货物运输。同时，由于公路运输成本远高于水运，采用低碳模式，尽量缩短公路运输的距离成为物流运输作业的首选。

（2）美国公水联运模式。美国的公水联运模式是其多式联运的一个有机的组成部分，而美国多式联运的一大特点是，客户在与集装箱班轮公司签订运输服务合同时，要求"门到门"运输的比例较高，因而集装箱班轮公司在美国的多式联运中成为主要的组织者和协调者。集装箱班轮公司要为客户提供海运—铁路运输—公路运输的多式联运服务。美国地区东西海岸港口到内陆点的铁路运输网络完善，多式联运主要由铁水联运完成。铁路运输在美国的集装箱多式联运的内陆运输环节占有重要地位，相对而言，公水联运所占的业务比例较之更少，公路运输在联运的过程中主要起一个配送的作用。

2. 泸州港发展公水联运面临的困难

（1）公水联运发展缺乏统一的管理与规划。

公水联运业务主要涉及综合管理部门、运输服务企业、货主三个方面，在公水联运过程中缺乏协作和配合。

①公路和水路运输方式独立经营，并随着多式联运的发展，相应产生各自的运输、服务、收费和管理办法以及发展设想，在规划和运作中缺乏不同运输方式之间的协调与配合，缺少全程服务，不利于降低运输成本，阻碍了公水联运的发展。

②通关和其他检验手续烦琐，与运输部门和货主配合差。成都地处内陆，公水联运物流环境较差，存在查验单位手续烦琐、时间长、效率低和费用高的问题，造成货物的延误，从而影响了客户利用公水联运的积极性。

（2）公水联运存在公路转运成本高、季节性航道运输受影响的问题。

①公路转运成本高。公路运输成本几乎占到公水联运总成本的 50% 以上。从成都、贵州运输一个集装箱经重庆至上海，公路运输成本分别为 4300 元、5500 元，加上水运费 3000 元，总运价分别为 7300 元、8500 元。如果选择铁路从当地直接运至上海，总运价分别为 7100 元和 8300 元。公水联运和铁路运输价格基本相当，还多一个中转环节，时间也更长，这严重影响了成都公水联运物流辐射范围的扩大。

②季节性航道运输受影响。长江航运存在枯水期，长江干线航道总体上已呈现"两头深、中间浅，两头通、中间堵"的状况。长江上游三峡截流后，水位大幅提升，航道条件大为改善，然而长江中游部分河段依然处于自然状态，河道迂回曲折、河势不稳，浅滩变化频繁。其中下荆江段素有"九曲回肠"之称，历来是长江枯水期"肠梗阻"高发水域，几乎每年枯水期都有部分航段交替淤积碍航。大型货轮到达中游就被卡住脖子，不得不进行转载。

3. 对策建议

结合泸州港实际，从营造航运市场环境、出政策鼓励集装箱运输、加强长江航道管理、培育公水联运市场主体等方面分别提出了一系列规避风险的策略。

（1）营造有利于公水联运发展的外部市场环境。

①坚持市场领导。遵循市场经济规律，创新管理体制和管理方法，注重综合运用经济、法律、行政等手段引导和规范市场，建立和完善公平竞争、优胜劣汰的市场机制，充分发挥市场在资源配置中的作用。加大市场开放力度，消除市场堡垒，培育统一开放、竞争有序的市场环境。

②引入市场经营机制，合理整合现有货运场站资源。公水联运不同于传统的公路、水路联合运输，而是利用现代信息技术和现代物流理念，整合公路、水路两种运输资源，实行一体化的公水联运通道运营模式。

（2）出台政策鼓励集装箱运输，营造内部环境。

一方面加大政府介入力度，扶持和发展几家大型的专业集装箱拖车公司与泸州港深度合作。按照扶大扶强的原则分别在成都和泸州两地各选择几家拥有30辆以上自有车辆的专业集装箱拖车公司，以公司化运作方式，采用标准化的集装箱拖车和国际集装箱，专门从事成都与泸州港之间的公水联运集装箱运输。另一方面通过政策的扶持，培育出成都泸州物流通道的龙头企业，改变目前集装箱运输企业的"多、小、散、弱"的无序竞争市场环境。

（3）强化长江航道建设和管理。

一方面加快长江基础设施建设，提升长江航运的通行能力。结合水利河势控制工程，加快长江航道治理，全面改善航道通航条件，尤其是改善中游航道条件，加快实施荆江河段航道治理工程，整治沙市、窑监、藕池口等主要碍航水道。另一方面研究制定《长航局跨临河建筑物通航管理办法》，以跨临河建筑物管理、采砂管理为重点，固化现有的管理工作模式，完善工作程序和工作规范，实现审批和监督管理工作规范化、程序化、制度化。

（4）加快培育龙头企业。

为了加快公水联运物流业的发展，提高物流效益和服务水平，降低物流成本，泸州市政府应积极培育物流服务市场，支持传统交通运输、仓储配送、货运代理和联运企业通过兼并重组，向现代物流企业转变，培育物流支柱企业，重点选择民生物流、宝湾物流等影响较大、基础较好、有发展前景的、已经入驻龙泉物流中心的企业作为扶持对象，给予政策倾斜，使其做大做强，全面提升泸州公水联运的集约化、组织化、信息化水平。利用国家政策和自身优势，加大对外开放力度，通过招商引资、合资合作、强强联合、强弱兼并等多种方式，改组、整合现有物流企业，壮大市场主体。

4.1.3 水水中转

水水中转是指将货物以水路运输的方式，由启运港经中转港转运至目的港的运输模式。水水中转可以分为三种模式：沿海长江内支线、国际中转、内贸中转。沿海内支线水水中转，即起运港和目的港之一为我国港口，用于衔接其他国际航线；国际中转，即由境外港口启运，经国内换装国际航线船舶，继续运往第三国或地区；内贸水水中转，即起运港和目的港皆为国内港口的运输方式。水水中转是世界上许多集装箱枢纽港的主要集散方式，也是最经济、最环保的运输模式，水水中转规模在相当程度上决定着集装箱枢纽港的地位。交通运输部、发改委、水利部、财政部联合编制的《长江干线航道总体规划纲要》已正式获得国务院同意，计划到 2020 年，投入 430 亿元用于长江干线航道的整治和装备建设，长江干线航道的通航尺度和通过能力将获大幅提升。这将为

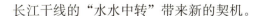

长江干线的"水水中转"带来新的契机。

1. 泸州港集装箱水水中转的主要瓶颈

（1）船舶公司无序竞争。

由于目前泸州港集装箱水水中转的大多数承运企业之间并无直接的关联，相互之间也无相应的政策导向和制度规则调控，同时集装箱内支线运价的话语权又掌握在海船公司或船代公司手中，导致各自为政，运价参差不齐，无序竞争严重。

（2）船舶运力结构不能满足需求。

目前，船舶公司在人工成本刚性增长，船舶燃油价格上涨的背景与预期下，为适应市场需求，不断淘汰小船，保留 216TEU 以上的船舶，其新增的船舶多为 320TEU。而泸州港至重庆港、武汉港的集装箱船舶以 192～216TEU 的船舶为主，因此每到枯水期，由于小型集装箱船舶运力紧张，船期保证率下降，影响港口集装箱周转。

（3）集装箱数据交换信息平台未整合。

目前，港口、船公司、代理公司等相关企业都各自开发了自己的集装箱管理系统，开发平台不一致，相互之间的数据信息并没有实现共享，集装箱的订舱与拼箱、分拨与配载、仓单交易、结算等业务环节大多仍采用传统的方式处理。尽管各港口都建立了 EDI 中心，但并未实现真正的集装箱数据交换对接。

2. 对策建议

（1）加大对船舶公司与承运企业的扶持力度。

在加强与外来大型船运公司合作的基础上，建立属于自己的船舶公司，培育壮大以泸州本土的承运企业。政府将参与水水中转的船公司、船代公司、箱源公司作为重点现代物流企业来扶持，给予免征营业税、车船使用税、契税、货港费以及企业所得税地方留存部分全额返还企业等优惠政策；在享受国家、市级有关扶持政策的基础上，对参与营运的公司按参与的 TEU 数量进行奖励。加强与重庆、武汉、上海等大港快班轮航线的合作，运用新型运输方式船舶，提升水水中转的效率和承运能力。

（2）对接集装箱综合信息平台。

泸州港应整合条码技术、RFID（电子标签技术系统）或 EPC（产品电子标签技术系统）、IPCCTV（网络视频监控系统）、GPS（全球卫星定位系统）、GIS（地理信息系统）、GSM（移动通信系统）、VHF（港口船岸通信系统）、AIS（船舶自动识别系统）等系统，建立集装箱船舶航行及集装箱在港作业、堆存、船舶装载信息数据库，搭建集装箱及船舶动态信息查询平台。联合水水中转港口统一集装箱电子数据交换标准，通过电子数据交换系统（EDI）实现港船公司、货代公司、理货公司、海关、检验检疫、海事等相关单位之间的信息传递，确保实时地保持集装箱信息资源共享和"无缝隙"衔接以及高效沟通。

（3）建立价格协调机制。

根据现有的市场运价、港口装卸费、港杂费、政府补贴等相关费用，结合同一客户会计年度内量增费优的原则，按内、外贸箱分类和水水中转环节以及全程物流费用，制定出低于现行泸渝、泸武、泸上集装箱水水中转的最优定价体系。若航运公司的实际运价高于最优定价，则通过港口之间的协调共同分担其亏损部分。

4.1.4 泸州港临港物流园区

1. 基本情况

泸州临港物流园区总体空间布局以龙港大道为园区内主要交通走廊，沿该交通走廊布局物流产业形成不同的物流中心，依托云龙机场、安宁铁路货运站以及泸州港主区形成空港、陆港和水港三种不同现代化物流园区，最终呈现"一廊，三港多中心一廊，三港多中心一廊，三港多中心"的整体结构，如图4-1所示。

图4-1 泸州港临港物流园区总体空间布局图

（1）水港。水港主要依托泸州主港区龙江港区，泸州港是全国内河 28 个主要港口之一和国家二类水运口岸，同时也是四川第一个外贸港。目前泸州拥有 6 个 3000 吨级多用途直立式泊位，年吞吐能力 100 万标箱，堆场面积为 40 万平方米；并且龙江港区设有滚装码头，其中高低水位操作平台 2 个，整车年吞吐能力 30 万辆。依托黄金水道推动长江经济带发展已上升至国家战略，泸州依托长江经济带实现东引西联核心需港口。

（2）陆港。陆港是以安宁铁路货运站为中心的陆运集散区域，该区域依托安宁火车站，毗邻龙港大道、307 省道；陆港集两种运输方式为一体，便于开展公铁联运；同时安宁货运站北至隆昌，与隆（昌）黄（桶）铁路相接，南端专用线深入水港，水铁联运无缝对接，因此陆港的形成对于货流集聚与中转以及多式联运具有重要意义。

（3）空港。泸州市石洞空港片区南接九狮山，北抵云龙机场，西至规划货运站，东临龙溪河。空港片区以临新兴战略产业、物流、总部经济、商贸展销、酒业园区等功能为主。云龙机场目前正在建设中，建成后即可为川南地区最大机场，届时既有的蓝田机场迁入云龙机场，实现辐射川南并兼顾黔北、渝西、滇东地区，成为四川乃至西部重要的区域干线机场。届时经过航空运输的到达货物，可通过公路短驳，经过陆港进行区域分拨，或者经过水港运往长江黄金水道沿江各城市。

综上，泸州临港物流园区内"三港"的规划，对内可以满足泸州自身物流需求，对外可以辐射周边城市，这将极大提升泸州在整个区域经济中的物流吸引力。

2. 发展策略建议

从物流流程方面来讲，港口在装卸、搬运、集散、贸易、流通加工、信息等方面具有较大的天然的优势。我国南京港、芜湖港等内河主要港口均十分重视发展和充分利用港口物流集散功能，发挥港口的综合枢纽作用。它们依托临港物流产业、经济腹地产业及其他产业链综合资源，实现了港口由单一装卸搬运的简单装运，向综合物流商贸加工中心的转变。借鉴这类港口发展经验，泸州港应重点以"港园一体，重点产业引导，商贸增值"为思路，在继续加强服务集装箱货运装卸运输的基础上，推动泸州港临港物流综合园区的建立，使港口由单一运输型向服务型、贸易加工型转变。具体发展策略如下：

（1）以港口为核心，加快建设临港物流园区。

泸州港具有发展临港物流园区得天独厚的优势。2013 年 9 月，泸州市被列入国家二级物流园区布局城市，这为泸州现代物流业发展带来了新的发展机遇。目前，泸州市正在加快临港物流园区建设，全面推进泸州港保税物流中心（B型）建设。此外还在集装箱作业区后方规划布置大型港口综合物流园，力争打造省、国家级示范物流园区。要做好港口物流园区一体化，泸州港临港物流园在建设重点、发展方向及现代物流功能等方面应重点做好以下方面工作：

①统一规划建设港口与临港物流园区，初步形成以港口为中心，以物流园区为集散平台，以交通运输大通道为辐射线的物流集散体系。

②进一步明确港口物流园区功能定位。龙溪口作业区重点依托集装箱、商品汽车滚装运输功能，发展成为现代物流功能完善，服务于整个川滇黔地区的大型综合物流园区；纳溪港区、合江港区重点结合后方化工、机械等临港产业布局以及煤炭中转运输，拓展为工业生产服务的物流配送及商贸交易等功能。

③注重物流园区信息化设施建设。利用信息技术，构建物流园区公共信息平台，引导运输企业在平台集中。努力发展分拨配送、保税仓储、流通加工、贸易采购、外贸中转、信息处理等现代物流增值服务。

（2）全力拓展港口综合保税功能。

泸州港应重点推进综合保税中心（B型）的发展。加强与成都海关合作，推进泸州港B型保税物流中心建设，充分借鉴相关省市有关经验，明确物流中心功能定位、发展目标、监管方案、运营管理模式等。以此为平台，同步开展招商引资工作，吸引物流、装备制造等大型企业及时入驻保税物流中心，并针对重点企业制定具体优惠政策。积极开展泸州港综合保税区建设前期研究工作，对综合保税区的选址、规模、定位等进行论证，为其发展预留充足空间。

（3）以产业链引入为思路，延伸上下游物流加工服务。

泸州港应抓住供应链发展的契机。以供应链价值最大化为导向，延伸港口物流产业链，是当前主要港口提升市场竞争力、实现转型升级普遍采取的重要策略。泸州港应主动对接主要工业园区，依托港口优势，与专业化物流企业或相关产业上下游物流服务链供应商合作，组建物流经营主体，围绕川滇黔地区优势产业，发展白酒、集装箱、商品汽车、粮食等专业物流运输，提供第三方物流服务，负责整个物流链运行过程。

（4）依托口岸优势条件，构建区域商贸流通交易中心。

泸州应充分利用自身港口口岸的优势，依托龙江港区保税物流、进口粮食指定口岸、多式联运等优势条件，重点在龙江港区后方建立适箱货分拨中心。结合泸州市西南商贸城项目建设平台，整合现有市内相关生产资料交易市场，在临港物流园区内发展形成辐射泸州及周边地区的建材、粮食、进出口商品等流通交易中心。积极推进合江、纳溪等港区发展与后方工业生产、煤炭中转相关的交易中心。

4.2　航运信息综合平台

4.2.1　泸州市港口物流信息平台功能需求分析

根据使用对象和范围不同，可以把泸州市港口物流信息平台的功能需求分为物流企业、客户企业、港航管理部门、金融服务机构和政府部门5个层次。

1. 物流企业的功能需求

物流企业需求包括物流运作管理服务信息、物流市场需求信息、物流基础设施信息、公共服务信息等。

（1）物流运作管理服务信息包括物流电子数据交换（EDI）、物流交易信息、电子报关、税收、资金结算、合同管理、违约赔偿及补救处理等。

（2）物流市场需求信息主要是指工商企业的物流服务需求信息，包括运输、仓储、配送、加工、装卸需求等。

（3）物流基础设施信息包括港口、水运信息（船舶线路、船运公司情况、货运能力等）、船舶车辆跟踪信息、航道交通状况信息、道路交通状况信息、航道设施信息、道路设施信息、铁路车站信息（列车线路、货运站场等）、机场航空信息（航班航线、航空公司的货运能力等）、物流基础规划建设信息等。

（4）公共服务信息包括物流市场调研和预测、物流相关政策、行业标准、法律法规、区域经济发展状况、天气预报等。

2. 客户企业的功能需求

客户企业包括生产企业、商贸企业，他们是物流服务的需求方，其需求主要包括物流市场供给信息和物流运作管理服务。物流市场供给信息，主要是指物流供应商的资料，包括物流企业的资质、服务范围、资源、规模、信誉评估和报价等。

3. 港航管理部门的功能需求

港口物流信息平台要与港航管理部门数据共享，加强水上运输管理、港口管理、船舶管理、航道管理等，实现港航管理的网络化和信息、资源共享；加强物流作业的安全管理，对突发事件及时响应和处治，切实保障运输安全；充分利用港口物流信息平台进行物流系统各类数据的采集、整合、统计和处理，开展综合运行分析，为港航管理决策提供依据和帮助，提高决策的科学性和准确性。

4. 金融服务机构的功能需求

物流金融从狭义来讲，就是物流供应商在物流业务过程中向客户提供的结算、融资、投保服务，这类服务往往需要金融机构的参与。金融机构主要从事设备租赁、应收款处理、工程保函、短期融资、国际结算、船舶租赁、船舶抵押、贷款、仓储监管、动产融资、理财登记、代收代垫款、货物保险等活动，金融机构要求港口物流信息平台提供结算、投保等一系列相关信息情况。

5. 政府部门的需求

海关、检验检疫、税收等政府部门在港口物流体系中扮演着重要的角色。政府部分需要对属于港口管理范围的现场监管和货物查验、检验检疫、查缉走私、编制统计、进出境监管进行职能管理，同时对流动中的货物及其运输工具进行全程监控，并且需要征收企业所需缴纳的关税、增值税、企业所得税等。政府部门需要港口物流信息共享平台提供检验检疫、税收征收、监管所需要的基础数据包，包括货主企业和物流企业的申报信息等。

4.2.2　港口物流信息共享平台的体系结构设计

港口物流信息共享平台是以港口信息资源为基础，运用先进的信息技术和现代物流技术，充分利用和整合港口信息资源，建立的一个公共信息服务平台。本课题所设计的泸州港公共信息服务平台是连接政府部门（如海关、税收、检验检疫、港口管理部门等）、航运金融服务机构（银行、保险等）、物流企业（如船公司、船代、货代、公路、铁路、仓储等）和各类货主企业（如生产企业、贸易企业、加工企业等）的信息系统。通过充分利用各种信息资源，开展各种电子商务功能，从而使得各个部门提供信息共享和个性化服务，提高港口信息服务水平、港口服务质量和辐射范围，同时与四川省电子口岸进行有效的衔接，广泛拓展国际贸易市场。港口物流信息共享平台的体系结构如图4-2。

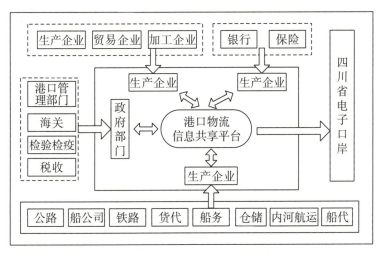

图 4-2　港口物流信息共享平台结构图

港口物流信息平台提供了信息转换、传递、存储等服务，将实现高效的监管和服务，方便开展标准化、电子化的贸易和电子商务，从而实现减少操作流程、提高通关效率、降低交易成本、增加贸易机会、增强港口服务的目的。港口物流信息共享平台给管理部门提供了一个统一的信息发布平台，通过 Internet 与相关部门信息系统相连，实现信息交换和共享；给物流企业提供一个及时的业务信息查询平台，通过 GPS、GSM、RFID 和 GIS 等技术可以对运输车辆和货物进行实时动态跟踪，并通过 GIS 可以实现车辆线路导航等服务；企业和客户可以利用信息平台通过基于 Internet 的 EDI 系统与海关、检验检疫、银行、港口等机构实现信息交换和信息传递，访问信息平台的 Web 站点进行信息查询和在线交易，提高操作效率。

4.2.3　港口物流信息共享平台实现的功能设计

港口物流信息共享平台的功能主要包括基本功能和扩展功能两大部分。

1. 基本功能

（1）数据交换功能。这是信息共享平台的核心功能，主要是电子单证发送、数据转换、数据传输、数据接收等涉及政府管理部门、物流企业、社会金融机构以及客户之间的信息交换。

（2）信息发布服务功能。通过信息共享平台上发布各种相关的信息，包括政府部门的报关、税收、政策法律信息，物流部门的运输、配送信息，货主企业的货物信息，以及金融部门的外汇、保险信息等，各部门通过登录信息平台的相关网站即可得到各种信息。

（3）交易功能。信息平台为交易双方提供了一个虚拟的交易市场，双方可以进行网上谈判、议价、合同签订、资金结算和电子支付等功能，方便了客户与商家的交易。

2. 扩展功能

（1）配送功能。这是集经营、库存、分拣、装卸、搬运于一身，利用信息平台提供的相关信息，以及港口、物流企业的运输资源对货物进行优化配送，在客户要求的送到时间内，采用最短的路径、最短的运输时间，保证在最佳状态下将货物送达。

（2）货物跟踪功能。利用 GPS、GSM、GIS 等先进技术跟踪货物的位置和状态，并把相关的信息随时记录下来，以方便用户查询。通过货物跟踪模块，用户可以在运输环节中实时、动态地跟踪货物的到达情况，企业可以完全地掌握和监控运输的时间，做到心中有数。具体的查询方式有用户通过呼叫中心查询、Internet 查询、语音查询、短消息查询等。

（3）库存管理功能。通过利用物流信息共享平台提供的信息，对整个港口库存业务进行整合，保存适当的库存量，适应合理的货物需求量，节约库存费用，降低物流成本。

（4）决策分析功能。通过对已掌握的数据进行分析，根据用户自定义的统计条件，如货物名称、目的地、承运企业、时间等，对物流运作指标如货伤率、货损率、货失率、运费、货物金额等进行统计，自动生成统计报表，能大大减少工作量，提高工作效率，同时也帮助管理人员改善管理和经营战略，提高经济效益。

（5）金融服务功能。物流信息共享平台提供了多种金融服务，如保险、税务、外汇等。开通电子联行和票据交换清算、电话银行、通存通兑等新业务功能，加快资金清算和周转，信息共享平台起到了一个信息处理、中转、传递的作用，为客户提供了极大的便利。

总体上，物流信息共享平台接受来自各个部门的信息，并将信息进行处理、储存到数据库上，再对外发布给各个部门，各个部门相互间通过信息平台交换信息，发布自己的信息，运行自己的业务，保证了信息的准确性、及时性。比如，货主企业将相关的货物信息通过物流信息共享平台发送给相关的物流企业；水运、铁路、公路、航空、仓储、代理等物流企业收到这些信息后，经过处理通过信息共享平台，将这些物流信息传递给政府部门及相关的货主企业；海关、检验检疫、税收等政府部门对收到货主企业和物流企业的申报信息进行审批，并将审批信息进行反馈；货主企业再通过信息平台完成银行、保险金融机构的资金结算、货物保险、缴税退税等业务，从而完成整个贸易过程，加快了贸易周转，提高了市场的效率。

4.2.4　泸州港口物流信息共享平台的搭建

1. 泸州港物流平台的基本组成

港口物流信息共享平台是为以港口为中心辐射区域内的物流企业，并为客户提供专业化信息技术支持和服务，以协助建立高效的物流作业。泸州港物流平台主要包含以下部分（见图4-3）：

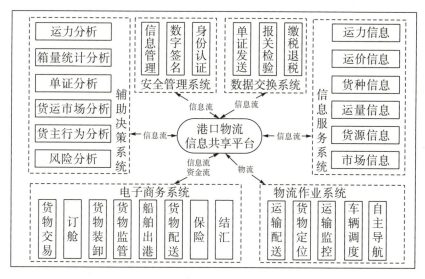

图4-3　泸州港港口物流信息共享平台框架图

（1）数据交换系统。其主要是数据的转换、传输和接收，包括单证发送、网上报关、报检、许可证申请、资金结算、缴（退）税等业务以及客户与商家的业务往来间信息的交换。通过引入行业EDI/XML标准以及国际贸易中相关的物流行业信息交换标准，采用多种通信和数据接入、采集、交互方式，将结构化数据转发、转换给目标用户。

（2）信息发布系统。各部门通过Internet登录到港口物流信息共享平台的站点上，就可以发布和获取站点上提供的信息。信息平台主要有平台的基本信息发布，包括平台简介、平台功能导航、会员服务等；行业信息发布，包括行业动态、物流政策法规、相关新闻等；运输信息发布，包括水、陆运输价格，铁路和公路里程查询，货源和运力，航班船期，铁路车次等信息。信息平台为政府管理部门、物流合作伙伴和广大客户提供有效的信息服务。

（3）电子商务系统。提供一个网上供求交易市场，客户可以在此平台上发布和查询货物供需信息，也可以办理相关的操作业务，实现信息交流和共享，包括网上的货物交易、码头作业、货物订舱、货物装箱、货物的拆拼箱、货物监管和放行、船舶进出港、货物配送以及保险、结汇等业务。

（4）物流作业系统。利用运输设备及货物跟踪定位等关键物流技术，快速定位货物运输地点和运输状况；利用 GSM、SMS、WAP 等多种通信手段实时地提供跨部门、跨区域的运输配送和调度作业解决方案；对营运车辆进行监控、管理、跟踪、定位、导航等业务。

（5）辅助决策系统。利用数据统计技术从运力、运价、货种、货运量、货源、市场等方面分析数据信息，对企业、运输和市场进行预测分析，给经营管理人提供准确的信息资料。

（6）安全管理系统。规定、控制信息平台的用户访问和使用权限，维护整个系统的正常运行，保证数据的安全。同时也对 CA 认证、电子印章和数字签名等业务进行管理。

2. 港口物流信息平台建设的具体方式

（1）港口物流信息平台建设的投融资方式。内河港口物流信息平台建设投资大、建设周期长、资金回收慢，并且需要保证较长时间内持续、稳定的资金投入，所以对资金来源及稳定性提出了一定的要求。项目的投融资体系可采用以下三种建设模式：一是政府、社会、企业三方合作的方式，政府以直接出资与提供贷款相结合的方式承担部分建设资金，资金回收依靠平台正常运行所带来的税费增加实现。二是社会以民间融资方式出资建设，回报以政府补贴为主。三是企业以直接投资或依靠贷款的方式参与内河港口物流信息平台建设，主要是参与企业层面和部分物流园区层面的建设，投资回报以利润增加来实现。

（2）政府在信息平台建设中所起到的作用。借鉴新加坡港口模式，政府作为物流业的主管部门，在港口物流信息平台建设中主要负责以下的工作：一是强力介入港口管理与经营活动。港口物流信息平台涉及企业、政府各部门以及金融保险行业，应该由市长或者副市长牵头成立专门的港务管理部门，负责港口物流信息平台的总体规划、制订技术标准、协调重大项目的投资建设。规划应当打破"行政区划"的界限，从整个泸州市着眼，建立四川省各市、内河与铁路、内河与公路、内河与航空等企业间的网络信息协调机制，统筹规划，避免重复建设。二是通过招投标的方式，选择物流信息平台建设企业从事信息平台具体的搭建工作，并将港口物流信息平台的运营托管给企业。三是派出专门的小组参与、学习港口物流信息平台搭建与运营的具体过程。四是由政府出面将泸州所有相关公司以会员形式加入港口物流信息平台，对拒绝加入该平台的公司实行差别对待。五是提供良好的港口物流信息运行的基础设施。港口物流信息基础设施是单个企业无法独立完成的，需要由政府来投资或主持建设。六是建立起一个较为完善的数据交换机制，成立数据交换中心，建立起企业和政府部门数据交换机制和模式，为广大的物流企业提供港口物流公共信息服务或电子商务服务。七是引导和鼓励企业进行科技创新，进行科技宣传，引导企业向着加快物流信息化建设的方向发展。

（3）企业在信息平台建设中起到的作用。为企业服务是港口物流信息平台建设的最终目的，企业的积极参与是港口物流信息系统成功与否的关键。企业在内河港口物流信息平台建设中的职能主要是对新技术的应用和物流服务水平的提高。面对国内外竞争环境日益激烈的现状，企业应当积极参与科技创新活动，提高自身信息化水平，以适应供应链一体化对高水平物流服务不断提高的需求。

（4）信息平台建设人才培养方案。政府部门需要一支既熟悉港口物流管理，又精通计算机技术的专业队伍来规划、引导和组织港口物流信息化建设，同时也推进企业的人才培养和技术的传播。为加强人才队伍的建设和培养，泸州港可以通过与高校、科研单位合作的方式，走产学研结合的道路，加强信息化人才的培养，从而不断提高从业人员的素质，组建专业队伍，为泸州港的长远发展提供保障。例如可以在高校成立航运研究中心，与企业进行对接，为泸州港量身定制专业人才，并且可以通过合作的方式，接受该校相关专业本科生、研究生到泸州港实习。同时，泸州港可以与高校深度合作，定点举办物流信息平台设计比赛，面向全省高校征集方案。通过比赛，一方面可以为泸州港选拔人才，为泸州港的发展奠定基础；另一方面，又可以促进高校对相关领域的研究。

4.3 航运金融平台

目前，泸州港航运服务业的发展还处于比较滞后的状态，整个航运服务产业链的中上游（包括融资、担保、保险、租赁等）还处于起步甚至空白阶段。因此，泸州港要想发展成为现代化的航运中心，就必须适时搭建起一个航运金融平台以突破现有的发展瓶颈（包括建设资金的短缺、港内企业资金流转缓滞等等），紧跟"互联网金融"和港口"航运金融"的发展趋势，吸引、调度和分配各种社会资源，使其服务到港口的现代化建设进程中来。

4.3.1 航运金融平台的功能

鉴于港口建设资金、港内物流企业发展所遇到的瓶颈以及银行贷款发放情况，泸州市政府应该对此予以高度重视，适时搭建起一个航运金融平台以解决上述问题。该平台当前要实现的功能主要有以下几个方面。

1. 港口建设融资

目前，我国港口建设融资的主要渠道有七个：一是国家投资，主要是政府的财政预算安排资金，包括国债；二是交通部专项资金；三是企事业单位自筹；四是国内贷款；五是地方自筹；六是利用外资合资；七是其他方式资金。其中，地方自筹、企事业单位自筹和银行贷款是港口企业融资的最主要手段，通过这三种方式筹资的金额占到了港口总筹资的 80％ 左右，对于社会资本引入的有效机制仍然缺乏。基于此，泸州港应该搭建一个平台，该平台将引入银行、船公司、融资租赁公司、贷款公司等具有雄厚经济实力的实体，将其资金注入港口建设的巨大缺口中。具体可以考虑从以下几个方面来拓宽融资渠道：一是与大型港口建设集团和船公司进行战略合作，并与之协调获取信贷和担保支持。二是对于港口固定设备的更新和升级换代问题，可积极采用融资租赁的方式，使得港口建设中用于购买设备的资金数额有所降低。三是由政府出面与各银行沟通协商，给予银行一些政策优惠，引导港口与银行建立友好借贷关系，争取更大的放贷额度。四是敢于尝试新型的融资方式。如 BOT、TOT、TBT、PPP 等融资模式，它们在用于大型基建方面都取得了较好的成效，政府可以结合泸州港自身情况选择适宜的方式引入社会资本（见表 4-1）。

表 4-1 政府市政建设中引进社会资本的模式比较

项目	新建	在建	已建
轨道交通	公共私营合作制	股权融资或股权融资＋委托运营	融资租赁、资产证券化、股权转化
城市道路	建设—移交（BT）		
综合交通枢纽	交通枢纽和经营性开发项目一体化捆绑建设		

续表4-1

项目	新建	在建	已建
污水处理	建设—经营—移交（BOT）模式	委托运营或移交—经营—移交（TOT）	委托运营或移交—经营—移交（TOT）
固废处置	公共私营合作制（PPP）、股权合作等	移交—经营—移交（TOT）模式	移交—经营—移交（TOT）模式
镇域供热	建设—经营—移交（BOT）模式		

（1）BOT模式（Bulid-Operate-Transfer），即建造—运营—移交方式。

这种方式最大的特点就是将基础设施的经营权有期限的抵押以获得项目融资，或者说是基础设施国有项目民营化。在这种模式下，首先由项目发起人通过投标从委托人手中获取对某个项目的特许权，随后组成项目公司并负责进行项目的融资，组织项目的建设，管理项目的运营，在特许期内通过对项目的开发运营以及当地政府给予的其他优惠来回收资金以还贷，并取得合理的利润。特许期结束后，应将项目无偿地移交给政府。在BOT模式下，投资者一般要求政府保证其最低收益率，一旦在特许期内无法达到该标准，政府应给予特别补偿（见图4-4）。

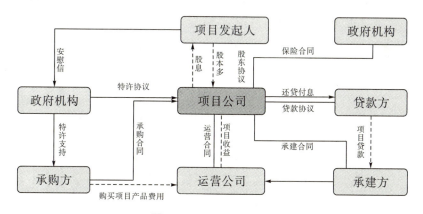

图4-4　BOT融资模式

我国第一个BOT基础设施项目是1984年由中国香港合和实业公司和中国发展投资公司等作为承包商在深圳建设的沙头角B电厂。之后，我国广东、福建、四川、上海、湖北、广西等地也出现了一批BOT项目，如广深珠高速公路、重庆地铁、地沽高速公路、上海延安东路隧道复线、武汉地铁、北海油田开发等。

（2）TOT模式（Transfer-Operate-Transfer），即转让—经营—转让模式。

它是一种通过出售现有资产以获得增量资金进行新建项目融资的一种新型融资方式。在这种模式下，首先私营企业用私人资本或资金购买某项资产的全部或部分产权或经营权，然后，购买者对项目进行开发和建设，在约定的时间内对项目经营收回全部投资并取得合理的回报，特许期结束后，将所得到的产权或经营权无偿移交给原所有人（见图4－5）。

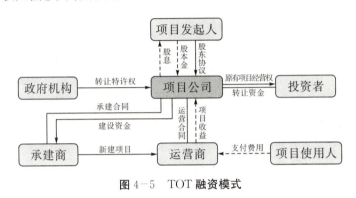

图 4－5　TOT 融资模式

（3）TBT 模式。

TBT 就是将 TOT 与 BOT 融资方式组合起来，以 BOT 为主的一种融资模式。在 TBT 模式中，TOT 的实施是辅助性的，采用它主要是为了促成 BOT。TBT 的实施过程如下：政府通过招标将已经运营一段时间的项目和未来若干年的经营权无偿转让给投资人；投资人负责组建项目公司去建设和经营待建项目；项目建成开始经营后，政府从 BOT 项目公司获得与项目经营权等值的收益；按照 TOT 和 BOT 协议，投资人相继将项目经营权归还给政府。实质上，是政府将一个已建项目和一个待建项目打包处理，获得一个逐年增加的协议收入（来自待建项目），最终收回待建项目的所有权益（见图4－6）。

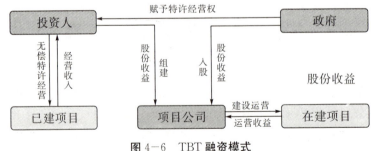

图 4－6　TBT 融资模式

（4）PPP（Public-Private-Partnerships）模式，即公共私营合作制。

一般而言，PPP 融资模式主要应用于基础设施等公共项目。首先，政府针对具体项目特许新建一家项目公司，并对其提供扶持措施，然后，项目公司负责进行项目的融资和建设，融资来源包括项目资本金和贷款；项目建成后，由政府特许企业进行项目的开发和运营，而贷款人除了可以获得项目经营的直接收益外，还可获得通过政府扶持所转化的效益（见图4-7）。

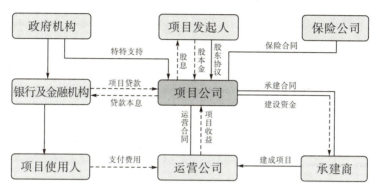

图 4-7　PPP 融资模式

（5）PPP 模式国内案例——北京地铁 4 号线：

北京地铁 4 号线在国内首次采用 PPP 模式，将工程的所有投资建设任务以 7∶3 的基础比例划分为 A、B 两部分。A 部分包括洞体、车站等土建工程的投资建设，由政府投资方负责；B 部分包括车辆、信号等设备资产的投资、运营和维护，吸引社会投资组建的 PPP 项目公司来完成。政府部门与 PPP 公司签订特许经营协议，要根据 PPP 项目公司所提供服务的质量、效益等指标，对企业进行考核。在项目成长期，政府将其投资所形成的资产，以无偿或象征性的价格租赁给 PPP 项目公司，为其实现正常投资收益提供保障；在项目成熟期，为收回部分政府投资，同时避免 PPP 项目公司产生超额利润，将通过调整租金（为简便起见，其后在执行过程中采用了固定租金方式）的形式令政府投资公司参与收益的分配；在项目特许期结束后，PPP 项目公司无偿将项目全部资产移交给政府或续签经营合同。

2. 加快物流企业资金流转速度，提高资金使用效率

资本是具有时间价值的，尤其是对于物流型企业来说，资金周转一次的时间越长，收款方占用我方资金带来的成本就越高，那么我方的资金使用效率就越低。因此，想方设法地加快资金流转速度，能够从流程上降低企业的运输成本，提高其价格竞争水平，这其实也是物流金融的主旨思想之一。物流企业应该在物流业务过程中利用贷款、应收账款、承兑汇票等多种信用工具为物流链中所涉及的主体（包括生产商、经销商乃至终端客户等）提供集融资、结算、

资金汇划等产品或服务，泸州港可以借鉴国内外其他港口所采用的仓单质押模式、保兑仓模式来开展物流金融业务。

3. 提高船舶和集装箱的利用率

港口要具有前瞻性的眼光，跟踪市场动态，准确把握航运行业发展的轨迹，适时调整发展战略，控制运力规模，保持一个较为稳定合适的运力，行业低迷时不至于因运力严重过剩造成损失，行业景气时可以通过租赁船舶来解决企业运力的紧张状况。一方面，货运企业可以充分利用金融租赁、售后租回等金融工具，在维持企业正常运力水平的前提下为企业争取最大的现金流。另一方面，航运企业还可以根据历史经营情况，与宜宾港进行联合，把两港的集装箱整合到一块，充当集装箱的出租方和承租方，充分合理地利用资源，提高企业经营效益。总之，船舶和集装箱租赁能够提高企业的资产利用率，是航运企业灵活调整运力的有效方法。

4. 完善航运保险服务

航运保险具有为海上运输转移风险、均摊损失以及补偿损失等功能，能够提高行业应对风险的能力，从而有效保障航运业的健康发展。航运保险具有三大显著特征：一是保险标的具有流动性，所承载的货物及运输工具要从一个区域移动到另一个区域；二是被保险人具有多变性，货物所有权的转移常常也伴随着被保险人的改变；三是保险合同的国际性，因为国际航运涉及不同国家的不同法律，因此保险合同的订立和履行应当兼顾多方的准则和惯例。航运保险业务主要包括船舶保险、货运保险、海事责任保险等在内的传统保险业务以及包括再保险、保险期货、保险证券等产品的新型保险。

从伦敦、新加坡等国际知名港口航运保险发展历程中来看，航运保险服务的发展与完善需要具备以下要素，这也是泸州港在今后要努力的方向：一是要有综合的产业集群。航运保险作为航运服务产业链的其中一个环节，其发展水平势必受到航运金融业发展状况的直接影响。因此，要完善航运保险服务，首先要全面引进法务、金融、保险等服务机构，为航运保险企业的集聚提供适宜的土壤。二是政府的大力支持和政策推动。政府的积极推动能够加速航运保险服务的建设进程。政府可以借鉴新加坡政府的做法，再根据泸州港的实际情况制定配套政策规划，如对部分航运保险公司提供优惠的税收或行政政策。三是成熟的市场环境。成熟的法制环境、规范的监管环境为航运保险服务的完善提供了强有力的保障。因此，泸州港要在今后逐步完善航运保险法律法规保障体系，为航运保险的发展营造良好的氛围。

4.3.2　航运金融平台涉及的建设主体及作用

1. 政府的作用——领头羊

在航运金融平台的搭建过程中，政府应该充当领头羊的角色，充分发挥管理职能，为港口航运金融的发展营造优化的"软环境"。具体来说，可以从以下几点来落实：

（1）泸州市政府需要为港口的发展营造更加良好的政策环境，包括：加大政府财政资金对港口建设融资的支持力度；对参勋港口建设的企业给予政策倾斜，包括行政优惠和税收优惠等，如增加政府补贴、增加税前抵扣项目、降低税率、免除协议期内项目的部分地方所得税、土地使用费以及其他有关税费附加等；制定一些扶持性的地方法规，提供法律上的支持，比如通过一些特殊优惠政策和一定的行政权力，确保港口企业建设不受其他机构的干涉，开辟行政绿色通道，鼓励港间（泸—宜）合作等。

（2）主动发挥港口行政管理部门的职能。积极与各商业银行、金融机构开展对接、座谈、协调等活动，在港口企业与金融机构之间搭桥牵线，解决港口企业融资难的问题。

（3）组建专门机构解决金融发展问题。政府可以顺势成立航运金融工作的最高领导小组和常务小组。最高领导小组由泸州市（副）市长牵头成立，出面解决泸州港航运金融发展的战略问题，并为航运金融平台的搭建争取更丰富的资源。此外，政府还可以引导成立泸州港航运金融协会，作为港内金融服务机构的行业自律组织，制定一套行业管理规定，主要包括行业准入标准、资质认定标准、服务收费标准、风险控制准则等，并明确监管部门，以此来加强机构间的有效沟通与协调，保证它们在合理合规的框架内有序运行。

（4）大力引入专业金融服务机构，如公估公证、资产评估、航运保险、航运咨询等专业服务机构，完善泸州港的服务内容。

2. 各金融机构的角色——重要支柱

在泸州港航运金融平台中，包括商业银行、保险公司、信托公司等在内的金融机构作为建设资金的重要来源，无论是对港口的硬实力还是软实力建设都将产生直接影响。作为航运金融平台的重要支柱，金融机构应充分发挥其作用。

（1）积极响应政府的号召，在稳健性和流动性允许的合理范围内为港口基建和港内企业融资提供帮助，既解决港口建设的燃眉之急，便于今后结成友好合作关系，争取更优厚的放贷条件，同时也支持政府的工作，为银行今后自身的发展奠定良好的行政基础。

（2）创新传统业务，积极与企业开展物流金融业务。

①物流金融主体多元化。融资主体不仅仅只是商业银行，也该包括基金公司、保险公司、信托公司，质押评估和管理机构既可以是资产管理公司、中介管理公司，也可以是第三方物流企业。同样地，融资者的范围也应扩大到上下游供应商、生产型企业、物流型企业，从而形成针对整条供应链的融资体系。

②物流金融产品的创新。金融机构应该推陈出新，灵活设计产品，如扩大可质押物的范围。可质押物不应局限于传统意义上的存货，还可以把应收账款、订单等作为质押标的物。此外，商业银行可以把保证金率、质押率、企业资信状况以及融资期限相结合，针对不同的公司、融资额、期限设计出相应的产品。这样，既可以最大限度地满足不同企业对资金的需求，同时也可以使银行找到新的利润增长点。

3. 物流型企业——排头军

鉴于港内现有物流企业的现状，政府有必要对港区内大量存在的小规模物流公司进行整治，成立一家强势的物流公司，通过兼并、收购或其他市场手段确立其垄断或寡头垄断的地位。此时的物流企业应该充分发挥自身的竞争优势，以在航运金融平台上更好地发挥排头军的作用。

（1）物流公司与银行建立友好合作关系。在货物结算方面，可以达成一些有利于提高资金流转效率的协议，如：缩短应收账款的回收期限，盘活应收款项，减少坏账、呆账，降低应收票据的贴现率，从而加快资金的流动速度，实现资金融通的目的。

（2）提升物流企业服务的能力和水平。物流企业一方面可以通过上下游供应链的优化整合，缩短中间节点的时间消耗，从而提升物流效率；另一方面，物流企业可以以满足客户需求为出发点，在技术、模式等方面寻求创新，制定科学合理的发展战略，提高企业的经济效益和社会信誉，为获得银行的贷款创造有利条件。

（3）提高物流企业的信息化水平。物流企业掌握了涉及厂家、供货商、经销商乃至终端客户的大量数据，这些信息是极具市场价值的。此时，物流企业可依托物流信息平台将这些信息进行整合与分析，提升各部门和各环节的工作效率。而对于物流企业来说，速度和准确度是物流企业的核心竞争力的重要因素，因而直接影响到企业的长远发展。

4. 高等院校——智囊团、人才库

企业的竞争，归根到底是人才的竞争。泸州港要想实现长足发展，就必须要以源源不断的人才为其提供充足的动力。以四川大学为首的高等院校内师资力量雄厚，能够为政府制定战略规划出谋划策，是泸州港发展的智囊团、人才储备库。高校可以与政府保持长期合作。例如，成立专家咨询团队，通过实地调研、港间交流、定期或不定期向领导小组提交报告等方式，为泸州港的航运金融部署与规划谏言献计。

专栏四　港口市场化融资新模式：PPP 模式

当建设资金有限时，港口可以通过市场化的方式来筹集建设基金。PPP融资模式作为一种重要的方式，虽然早已在发达国家得到了普遍的应用，但在国内尚属新鲜事物，在将来很可能成为港口融资的一个重要方向。

PPP（Public-Private-Partnership）模式即公私合营合作制，是政府部门与民营企业合作的一种新型模式。其典型的结构为：政府部门通过政府采购的形式与中标单位组成的特殊目的公司签订特许合同，由该公司负责筹资、建设及经营。政府通常与提供贷款的金融机构达成一个直接协议，承诺将按特许合同的条款支付有关费用，使该特殊目的公司能比较顺利地获得金融机构的贷款。PPP模式的实质是政府通过给予私营公司长期的特许经营权和收益权来换取基础设施加快建设及有效运营。

在发达国家，PPP模式的应用范围十分广泛，既可以用于基础设施的投资建设（如水厂、电厂），也可以用于很多非营利设施的建设（如监狱、学校等）。PPP模式最早应用于英国。葡萄牙自1997年启动PPP模式，首先应用在公路网建设上，至2006年的10年期间，公路里程比原来增加一倍。除公路外，正在实施的工程还包括医院、铁路和城市地铁等。为平衡基础设施投资和公用事业，智利于1994年引进PPP模式。结果是提高了基础设施现代化程度，并获得充足资金投资到社会发展计划。至今已完成36个项目，投资额达60亿美元。2004年12月，巴西通过"公私合营（PPP）模式"法案，对国家管理部门执行PPP模式下的工程招投标和签订工程合同做出了具体的规定。

在当前，政府对于港口建设能给予的财政拨款十分有限，远远不能满足港口现代化建设的需要。各港口应该拓宽融资思路，不能过度依赖政府来填补资金缺口。因此，在国内港口建设领域引入PPP模式，具有极其重要的现实价值。

4.4 跨境电子商务平台

跨境电子商务是指分属不同关境的交易主体，通过电子商务平台达成交易、进行支付结算，并通过跨境物流送达商品、完成交易的一种国际商业活动。它是基于网络发展起来的，网络世界独特的价值标准和行为模式深刻地影响着跨境电子商务，使其具有不同于传统的交易方式的全球性、无形性、匿名性、即时性、无纸化和快速演进的新特征。在跨境电商市场中按照商业模式划分，跨境电商平台可分为 B2B、B2C 以及 C2C 三种类型。泸州拟打造的跨境电子商务平台为 B2C 类型。

4.4.1 泸州发展跨境电子商务的意义和价值

1. 我国跨境电子商务市场尚处于发展初期，泸州还属于空白阶段，发展潜力巨大

据艾瑞统计数据显示，2014 年中国跨境电商进出口交易额为 4 万亿元，同比增长 29%，但相较于中国整体进出口贸易市场规模，占比仍处于较低水平，仅占 14.4%。根据统计模型核算预测，中国跨境电商交易规模将持续高速发展，在中国进出口贸易中的比重将会越来越大，到 2016 年将会达到 18.5%，跨境电商交易规模达 6.4 万亿元。而泸州的跨境电子商务还处于空白阶段，电子商务也才刚刚起步，因此具有很大的发展潜力（见图 4-8）。

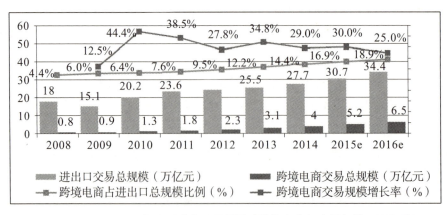

图 4-8　2008-2016 年中国进出口贸易及跨境电商市场交易规模（万亿元）

注释：（1）跨境电商市场规模指通过互联网及其相关信息平台实现的进出口货物贸易

总和；（2）交易规模涵盖 B2B、B2C、C2C 三大电子商务模式。

来源：综合中国统计局《2013 年中国统计年鉴》、企业财报及专家访谈，根据艾瑞统计模型核算。

2. 发展跨境电商，为我省乃至滇黔渝进出口贸易强劲增长提供动力

出口跨境电子商务面对的是全球 200 多个国家和地区的商家和消费者，2014 年全球网络购物消费人群已达 13 亿人，市场潜力巨大。泸州可依托跨境电子商务平台销售临港以及腹地产业产品，尤其是具有地方特色的工业产品、农土特产、手工艺品等，并充分发挥泸州港口运输优势，为我省及滇黔渝地区出口贸易提供外生动力。进口跨境电子商务面对的是泸州辐射范围内川滇黔渝超过 1 亿的人口，尤其是四川成都市，其电子商务购买能力位居西部第一。因此，泸州基于保税中心（B 型）发展跨境电商平台具有很大的市场前景，也将促进我省进口贸易增长。

3. 跨境电商依托保 B 保税功能，促进临港产业和腹地产业的发展

一方面，跨境电子商务平台集合海量商品信息库、个性化广告推送、智能化商品检索、口碑聚集消费需求、支付方式简便等多重优势，而泸州先已具有保税中心（B 型），这在进出口贸易方面将获得退税、免税等政策优惠，为保税中心入驻企业以及临港中小企业提供发展之道。另一方面，相较于传统外贸，跨境电子商务基于从营销到支付、物流和金融服务的清晰、完整的产业链能有效压缩中间环节、化解产能过剩，直接面对消费者，市场信息反馈迅速，有利于相关企业及时调整产品结构，提高市场竞争力。因此，泸州加快建设保税中心（B 型），打造泸州跨境电子商务平台具有十分重大的价值。

4.4.2 跨境电子商务平台现状

1. 国内跨境电商平台发展现状

近年来，我国传统外贸发展速度放缓，跨境电子商务却保持了快速增长的态势。商务部数据显示，预计到 2016 年我国跨境电子商务交易规模年均增速接近 30%。从出口方面来看，我国跨境 B2C 电子商务在 2012 年的线上交易额达到约 1400 亿元，主要涉及电子产品、服装、母婴、日用品等商品。这些商品至少有 80% 是以包裹的形式送至消费者手中。这些包裹大多通过行邮模式出口，使得出口电商企业无法正常结汇，无法退税。所以目前大部分的销售货

款都是通过灰色渠道流回到国内，企业面临着巨大的法律风险和收汇风险。

从进口方面来看，2012年进境包裹约为1亿个，且每年以100%的速度持续增长，涉及的商品主要包括奶粉、化妆品、名牌时装及服饰、名牌日用品等，其进境的渠道大部分是深港灰色清关以及其他口岸的灰色清关，而通过商业快递、邮政渠道的比例则比较低（总计低于10%）。目前，进口包裹的主要问题是海关无法正常征税，企业无法正常结汇。

总的来说，我国跨境电子商务已初具规模。

（1）跨境电子商务的交易平台服务。

据不完全统计，2013年底我国电商平台企业已超过5000家，境内通过各类平台开展跨境电子商务的外贸企业已超过20万家。阿里巴巴、敦煌网、环球资源、中国制造网等电商平台企业占据了我国跨境电子商务较大的市场份额。在跨境网络零售出口方面，由几大电商平台主导的行业格局已初步形成，但B2C市场内行业商机依然较多。通过细分市场、创新交易模式，兰亭集势等电商平台异军突起。近年来，跨境电子商务进口的服务链条基本成型，拉近了我国消费者与海外品牌之间的距离。

（2）跨境电子商务的物流快递服务。

在跨境电子商务的带动下，近年来我国跨境包裹数量持续快速增长。据海关统计，2012年，我国海关监管的邮快件总量3.5亿件，同比增长23.4%。跨境快件中70%~80%通过电子商务的方式实现。目前，联邦快递、联合包裹、敦豪速递、天地快运等国际物流快递公司是跨境包裹的主要承运商。中国邮政业积极开展了跨境物流快递业务，为中国大陆卖家量身定制了全新国际邮递产品——国际e邮宝。顺丰速运已经上线"海购丰运"，进入海淘转运市场。但总体而言，尽管中国邮政、顺丰速运等国内企业都有跨境物流快递的服务项目，但在国际覆盖范围、物流配送效率、物流信息采集等方面与国际物流快递公司相比还存在较大差距，难以有效满足电商企业的需求，物流快递仍是我国发展跨境电子商务面对的主要瓶颈。

（3）跨境电子商务的支付服务。

目前，在跨境电子商务领域，银行转账、信用卡、第三方支付等多种支付方式并存。跨境电子商务B2B目前主要以传统线下模式完成交易，支付方式主要是信用卡、银行转账（如西联汇款）。跨境电子商务B2C主要使用线上支付方式完成交易，第三方支付工具得到了广泛应用。美国的第三方支付系统贝宝（PayPal）是全球使用较广泛的跨境交易在线支付工具，它为我国跨境外贸电商提供外币在线支付服务已有多年，被认为是国内外贸从业者的必备支付工具。同时，我国一批优秀的第三方支付本土企业近年来逐步发展壮大。这些第三方支付企业已陆续进军跨境支付领域。2013 年，支付宝、财付通、银联电子支付等 17 家国内第三方支付企业获得了跨境支付业务试点资格，它们可以通过银行为小额电子商务交易双方提供跨境互联网支付所涉及的外汇资金集中收付及相关结售汇服务。

2. 现有跨境电商试点城市的平台

（1）郑州——E 贸易。

2013 年，郑州被列为国家首批电子商务示范城市和首批跨境贸易电子商务服务试点城市，是国内唯一利用综合保税监管场所进行跨境电商试点的城市，可形成以郑州为中心的跨境物品集散中心，电子商务产业集聚效应初步显现，全市有 1 个国家级电子商务示范基地、5 个省级示范基地、2 个省级产业园区。

2014 年，郑州开通了"E 贸易"试点平台（见图 4-9），平台吸引了包括韩国馆 3000 余家、德国馆 310 多家、以色列馆 100 多家企业到郑州展开业务对接。平台一边搭建产业链，一边进行测试，测试期内，要完成产业链的整体搭建，以及政府政策的跟进配套。境外商品快速入关涉及检验检疫等因素，政策上的调整支持便显得尤为关键。作为全国唯一一家综合性跨境贸易电子商务试点城市，郑州通过河南省保税物流中心搭建的多方交易平台，开始把国外商品仓库前移至保税中心内，实行"境内关外"的保税政策。E 贸易主要业务模式为跨境 B2C 营销模式，所售商品直接与海外生产商联系合作，中间不经过任何代购、代销环节，直接到消费者手中，保证了商品原汁原味的进口质量。2014 年 11 月，河南保税物流中心的业务量呈现出了爆发式增长的态势，一个月突破 10 万包。

图 4-9　郑州 E 贸易

（2）上海——跨境通。

上海跨境电子商务贸易试点模式为网上直购进口模式、网购保税进口模式、一般出口模式，城市跨境电商在于直购和保税进口以及一般出口。目前，上海跨境贸易电子商务平台（简称"跨境通"）自 2013 年 12 月 28 日上线，逐步完善跨境服务三大模式，目前已经形成直邮中国和自贸专区模式。跨境通销售的产品类别主要是母婴、保健食品、箱包、服装服饰、化妆品五大类产品，集中在快消品领域，商品价格与实体店相比，可优惠 30％左右（见图 4－10）。采用直邮模式的境外商户必须在国内设立分支机构或委托第三方机构处理售后服务事宜。采用自贸模式，企业就必须入驻自贸区开设账册企业，或在自贸区寻找有资质的代理企业。按照操作流程，消费者通过"跨境通"网站订购商品可跨境外汇支付，经电子报关报检，再经海关征收个人行邮税后，商品快速入境并由物流公司送到消费者手中。

截至 2014 年 12 月，上海海关直购进口模式成交约 2.4 万单，网购保税进口模式成交约 3.2 万单，合计货值逾 1700 万元。同时，上海海关已为 55 家电商企业、12 家物流仓储企业完成跨境电商备案工作，业务地区涵盖美国、韩国、澳大利亚、新西兰等多个跨境网购热点国家，跨境电商品牌集聚规模效应初步显现。目前，除自贸区外，松江区、嘉定区和普陀区均成为开展跨境电商区域。至 2014 年前三季度，上海市电子商务实现交易额达 9066 亿元，同比增长 28.1％。

图 4－10　上海跨境通

（3）广州——海外通。

广州是首批跨境电商试点城市之一，跨境电子商务交易额占全国交易总额的七成。广州跨境电商主要走 B2B、B2C 两种渠道，货品来自欧美和日韩，主要品类涉及母婴、轻奢、化妆品和鞋服等，在跨境电商试点业务模式主要是一般出口（邮件/快递）、B2B、B2C 保税出口和 B2B 一般出口三类（见图 4－

11）。2014 年 1 至 10 月，广州跨境电子商务零售（B2C）出口 4.8 亿元人民币，网购保税（B2B/B2C）进口货值 1.8 亿元，规模居全国第一。

图 4—11 广州海外通

海外通是威时沛运集团旗下全新的跨境电商综合服务平台，旨在为跨境电商客户提供更加快捷、高效、低成本、高质量、阳光操作、规范经营的跨境综合服务。项目提供跨境电商进口、出口全流程一站式解决方案。基于保税区备货模式，"海外通"为国内经营进口产品的电商平台及商家提供海外仓收货—进口运输（空运、海运、中港陆运）—保税区仓储—分拣包装增值服务—关务数据交换—电子清关—境内派送的全流程服务，整个过程以行邮税形式清关，降低环节综合成本，实现当日清关当日发货，提升物流时效，阳光、正规操作，保证货物流通的高可靠性，为电商平台及商家提供强大的市场竞争力。

（4）杭州——跨境一步达。

杭州跨境电商产业园，为目前浙江省唯一集"保税进口"与"直购进口"模式于一体的全业务跨境贸易电子商务产业园，并设有跨境一步达（见图 4—12）。2014 年 11 月，已有 124 家商家入园开展业务，还有一批垂直电商平台和商家正在接洽之中。2014 年"双十一"期间，杭州跨境电商产业园共验放近 38 万单货物，价值 7157 万元。目前，杭州经济技术开发区保税进口业务累计交易订单突破近 76 万单，位居全国 7 个试点城市前列。未来，杭州将在原有试点成果基础上，向国家申报中国（杭州）网上自由贸易试验区。

图 4－12　杭州跨境一步达

目前，该平台已陆续接入包括"天猫国际""银泰""中外运""洋东西""全麦""泛远物流"等在内的多家电商平台，银联、支付宝、连连科技等多家支付平台，以及包括中国邮政速递、顺丰速递等在内的数家物流企业。而对于在以上电商平台购买杭州保税区直邮的海淘消费者来说，今后均可以通过跨境一步达网站或电子口岸跨境一步达微信，实时查询物品的通关状态，并对物品的国外起运地进行追溯查询，为货物的真伪鉴别提供更加专业、权威的查询渠道。

（5）宁波——跨境购。

宁波保税区主要从事跨境进口电商贸易，其依托保税区的优势，开展"保税备货模式"，即跨境企业在国外批量采购商品，通过海运备货到保税区制定的跨境仓内，消费者通过网络下订单，电商企业办理海关通关手续，商品以个人物品形式申报出区，并缴纳行邮税，海关审核通过后，商品包裹通过快递公司派送到消费者手中。截至 2014 年 11 月，保税区已累计引进电子商务企业 230 家，其中获批跨境进口电商试点企业 117 家，上线 71 家。2014 年 12 月，已有 69 家电商企业申请能力认定考核，其中通过高风险能力认定的有 21 家。同时，"跨境购"平台上线（见图 4－13）。

图 4－13　宁波跨境购

跨境购旨在搭建一套可以与海关、国检等执法部门对接的跨境贸易电子商务服务信息平台，实现 B2C 跨境贸易通关便利化，同时寻找合适的贸易商、品牌商、电商企业（包括平台式或自主销售式）、通关服务企业、仓储企业、物流企业，共同营造良好的跨境贸易电子商务生态圈。该平台具有如下突出优势：第一，商品预检验。样品先行送检，货物到达口岸后，3～5 天可以进入保税区上架销售，大大缩短通关时间。第二，一站式服务。该平台配套一站式仓储、物流、清关标准化服务，帮助电商快速享受优惠政策，解除后顾之忧。第三，质量保证。由国家监管部门出具官方溯源认证，确保商品来源和商品品质。第四，顾客优惠活动。货物按照个人进口物品方式申报出区，只征收进口物品税，消费者享受 50 元免税额，税款由电商代收代缴，提供电子税单查询。

（6）重庆——爱购保税。

重庆的跨境电子商务试点特色在于其是全国唯一具有跨境电商服务四种模式全业务的试点城市，即包括一般进口、保税进口、一般出口和保税出口。2014 年 6 月，重庆西永综合保税区重庆跨境贸易电子商务公共服务平台上线，半年时间平台累计验放清单 15.8 万单，成交金额达 4456.62 万元，日用消费品成为重庆人使用跨境电子商务方式最爱采购的品种。

"爱购保税"是由重庆两路寸滩保税港区出资建设，并全权负责规划运行实施的跨境电子商务网站，是重庆保税港区唯一的线上商贸品牌。"爱购保税"网站全中文界面，采用线上下单，保税港区统一分拣、报关和物流配送一体化服务，相比传统海淘退换货不方便、网络支付不安全，爱购保税有着完善的售后服务和退换货政策，消费者可通过易极付或国内各大银行的网上银行进行支付（见图 4-14）。

图 4-14　重庆爱购保税

3. 泸州现有电商平台——泸州购

"泸州购"是由中国（泸州）西南商贸城与义乌小商品城信息技术有限公

司共同合作打造的，以泸州西南商贸城的实体商铺为依托的线上批发零售商城，是区域性批发零售电商平台，是中国整个西南地区最大的"实体店面＋网店"的电商平台。从 2014 年 9 月 26 日正式运营以来，泸州购平台平均每日取得的线上和线下批发零售成交量过万元。泸州购不仅是一个网络销售渠道，还同时为入驻商户提供了与义乌 7 万余户小商品、针织用品、玩具等原产地批发商的在线进货对接功能，为入驻商户提供了从网络对接解决原产地进货的新渠道。泸州购电商平台打通连接了上下游产业链，为入驻市场经营户和川滇黔渝结合部采购商提供具有实体市场特色的电子商务服务，中国（泸州）西南商贸城也因此成了西南地区的电商产业实践开拓者和先锋。泸州购虽成立时间不久，其增长势头却不可小觑，未来泸州港可以以此为依托，将其作为发展跨境电商的重要平台搭建运营商（见图 4—15）。

图 4—15　泸州购

4.4.3　上线产品分析

据统计，2008—2016 年中国跨境电商交易规模进出口结构中，进口占比持续增长，出口占比逐步降低。其中，2008 年跨境电商出口业务仅占交易总额的 4.8％，出口占交易总额的 95.2％；预计，2016 年跨境电商进口业务占比将达到跨境电商贸易总额的 15.6％，出口跨境电商将占贸易总额的 84.4％（见图 4—16）。

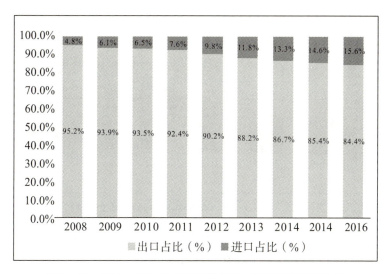

图4-16 2008—2016年中国跨境电商交易规模进出口结构

从更宏观的角度来看，随着海外市场持续萎靡，中国市场的强劲复苏，跨境进口需求十分强烈。仅2014年2月我国进出口就出现了创纪录的315.6亿美元的贸易逆差（见图4-17）。

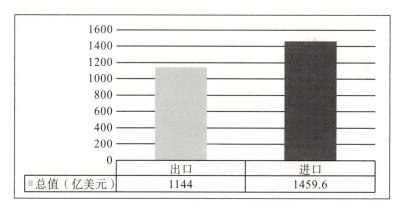

图4-17 2014年2月我国进出口数额

随着电商在我国境内的超常规发展，以及国家层面一系列刺激内需的政策出台，我国跨境电子商务贸易将以更加突出的速度增长。只从境内电子商务交易市场规模来看，我国电子商务交易规模呈现井喷式发展。其中，2009年交易规模为3.7万亿元；到2013年年末，中国电子商务交易市场规模已达10.2万亿元（见图4-18）。

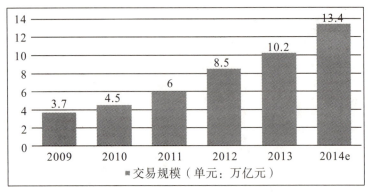

图 4-18　2009—2014 年中国电子商务市场交易规模

2014 年为我国跨境电子商务发展的元年，泸州港应该抓住跨境电子商务发展的契机，找准发展跨境电商业务的主要品类。2012 年中国跨境电商市场交易规模品类分布图表明（见图 4-19），目前，我国跨境电商进口包裹主要商品为 3C 电子产品、欧美的名牌时装及服饰、日韩的化妆品、澳新的奶粉及发达国家生产的名牌日用品等。

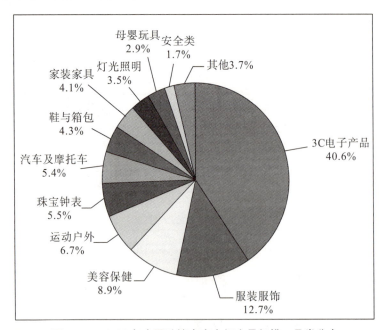

图 4-19　2012 年中国跨境电商市场交易规模、品类分布

注释：（1）各地区按经营单位所在地划分；（2）跨境电商市场规模为进口交易额和出口交易额之和。

来源：综合中国统计局《2012 年中国统计年鉴》、企业财报及专家访谈，根据艾瑞统计模型核算。

2014 年四川省食品类进出口商品呈现快速增长的势头。其中乳品类进口值 14768 万美元，同比增长 11.5%；乳品类出口 9 万美元，同比增长 800%；酒类出口 7733 万美元，增长显著（见表 4-2）。

表 4-2　2014 年四川省食品类主要进出口商品

单位：万美元

商品名称	美元值		美元值	
	本年进口	同比	本年进口	同比
鲜、干水果及坚果	3	200.0%	757	311.4%
乳品	14768	11.5%	9	800.0%
粮食	6419	−7.5%	2620	−2.2%
信用植物油	68	−49.3%	500	160.4%
食糖	0	—	28	−31.7%
酒类	1359	−11.9%	7733	—
白酒	—	—	7725	25.9%
啤酒	—	—	8	300.0%
美容化妆品及护肤品	31	933.3%	73	247.6%

此外，以化妆品类、奶粉、酒类为例，综合我国 2014 年 1—11 月进出口统计数据分析可以看出：

2014 年 1—11 月，中国奶粉共计进口 88.40 万吨，同比增加 20.25%，进口额为 43.12 亿美元，同比增加 44.09%。其中，1—11 月我国从新西兰进口 696671.57 吨，占 78.81%；美国 48846.94 吨，占 5.53%；澳大利亚 32027.95 吨，占 3.62%；欧盟 71295.55 吨，占 8.06%。1—11 月奶粉进口平均价格为 4877.79 美元/吨，同比上涨 19.83%。

2014 年 1—11 月，我国酒类进口总额 7.4 亿升，同比增长 28.79% 美元。具体分析见表 4-3 和表 4-4。

表 4-3　2014 年 1—11 月我国酒类进出口统计

商品名称	进口量（升）	进口额（美元）	数量同比	金额同比
烈酒总计	47448944	806324358	−12.82%	−16.36%
啤酒总计	312451397	371896306	86.38%	75.74%
葡萄酒总计	336966194	1364304189	−0.97%	−2.88%
酒类总计	7490388074	2600361289	28.79%	−0.32%

表4—4 2014年1—11月我国葡萄酒类进出口

商品名称	进口量（升）	进口额（美元）	数量同比	金额同比
葡萄汽酒	12983665	77782789	61.85％	29.78％
瓶装酒	256933906	1227825668	1.80％	−1.50％
散装酒	67048623	58695732	−16.06％	−40.27％

综合四川省2014年面向消费者型主要进出口商品以及2014年我国奶粉与酒类进出口分析，建议泸州港跨境电子商务适宜发展的主线产品为美容化妆品、护肤品、乳品类以及酒类产品。泸州应建立B2C模式的跨境电子商务平台，以"保B"物流中心为核心，构建新型跨境电商交易模式，通过跨境电商平台，连接国内外消费者与生产厂家，走差异化细分市场路线，将美容化妆品、奶制品以及酒类、食品类产品通过平台销售给川内及周边地区，同时，将区域内优质产品行销海外。

4.4.4 跨境电子商务平台搭建

1. 跨境电子商务平台的组成

（1）跨境电子商务生态圈。

跨境电子商务具有便捷、快速、高效的特点，要完成整个交易，需要一个完整的支撑链条，包括支付、物流运输，通关等。在政府和市场主体的共同努力下，我国已经初步建立起了跨境电子商务的支撑和配套服务体系，见图4—20。

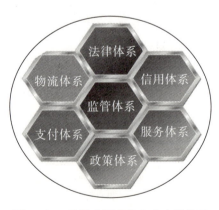

图4—20 跨境电子商务七大支撑体系

参考上海市跨境贸易电子商务平台（见图4—21），跨境电子商务平台的搭建要坚决围绕上述七大支撑体系来展开，并且紧紧依托政府监管部门，重点搭建网络交易平台、物流运输平台和资金结算平台。

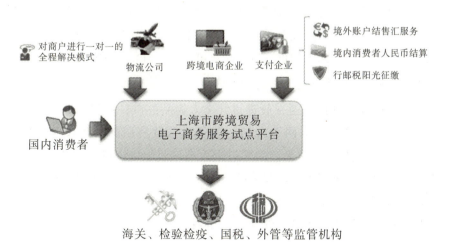

图4-21 上海市跨境贸易电子商务平台

（2）政府监管部门。

跨境电子商务所涉及的政府监管部门主要有海关、国检、外汇管理、税务、市场监督局、经信委等，政府监管部门的参与是跨境电子商务合法高效运作的保障（见表4-5）。

表4-5 海关对跨境零售电商的监管方式

业务类型	监管方式
B2C 一般进口（邮件/快件）	清单核放
B2B2C 保税进口	整进、散出、集中申报
B2C 一般进口（邮件/快件）	清单核放、汇总申报
B2B2C 保税进口	整进、散出、集中申报

（3）网络交易平台。

网络交易平台是连接企业和消费者的关键桥梁，处于跨境电子商务平台搭建的中心。我国六个试点的跨境电子商务网络交易平台有郑州的"保税国际"、杭州的"跨境一步达"、上海的"跨境通"、宁波的"跨境购"、广州的"海外通"、重庆的"爱购保税"等。

（4）物流运输平台。

物流运输平台包括仓库（保税仓、海外仓）、转运、快递、海运、空运、陆运、报关，是跨境电商的物流，保证产品高效、安全流转的关键。

（5）资金结算平台。

资金结算平台是企业与消费者财产安全的保障，2013 年 2 月，国家外汇管理局发布《支付机构跨境电子商务外汇支付业务试点指导意见》，并决定在北京、上海、浙江、深圳和重庆进行跨境电子商务外汇支付业务试点。

2. 跨境电子商务进口、出口模式

跨境电子商务进口包括一般进口、个人物品进口、自贸区进口和保税进口。一般进口：借助互联网平台的一般贸易（贸易商品）进口（B2B2C 进口）。个人物品进口：非贸易商品通过个人携带或邮寄进口（2C 进口），也称直购（邮）进口，杭州天猫国际采用"海外直邮"。自贸区进口：批量发货到自贸区，按订单邮寄给境内消费者（B2B2C 进口）。保税进口：贸易商品进口到保税港区，然后以个人物品快递给消费者（B2B2C），也称网购保税，宁波采用"网购保税"。

跨境电子商务货物进口包括货物入区、商品交易出区和核销三个阶段，见图 4-22。

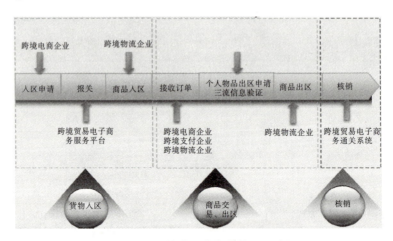

图 4-22　跨境电子商务货物进口流程

我国跨境电商试点城市的进口模式有上海进口包裹清关模式、杭州直邮进口模式、郑州保税进口集货模式和保税进口备货模式等，见图 4-23。

跨境电子商务出口包括一般出口、个人物品出口和自贸区出口。一般出口：借助互联网平台的一般贸易（贸易商品）出口（B2B 出口）。个人物品出口：非贸易商品通过个人携带或邮寄出口（2C 出口）。自贸区出口：批量出口到自贸区，按订单邮寄给境外消费者（B2B2C 出口）。

我国跨境电商试点城市的出口模式主要有宁波、杭州出口包裹清关模式和郑州出口转内销模式，见图4-24。

图4-23 我国跨境电商试点城市的进口模式

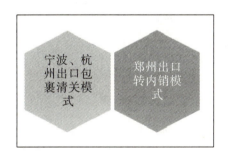

图4-24 我国跨境电商试点城市的出口模式

3. 泸州市跨境电商平台搭建

泸州市跨境电子商务进出口模式选取，可参表4-6。

表4-6 我国六个跨境电商试点城市申报模式

城市	一般进口模式	保税进口模式	一般出口模式	保税出口模式
上海	√	√	√	
宁波		√	√	
杭州	√	√	√	
郑州	√	√		√

城市	一般进口模式	保税进口模式	一般出口模式	保税出口模式
重庆	√	√	√	√
广州	√	√	√	√

（1）网络交易平台搭建。

泸州市网络交易平台搭建可以参考我国六个试点的跨境电子商务网络交易平台，如上海的"跨境通"等。泸州市可以自建网络交易平台，也可以引进有实力的企业来搭建，如泸州本地的"泸州购"等企业。

泸州跨境电子商务平台基于B2C模式构建，在交易过程，服务网站为中介交易平台。不做大而全的产品网站，聚焦大行业里的细分类目或给特殊群体提供服务，比如奶制品、日韩系化妆品、烟酒类商品等，做好定位。

泸州跨境电商平台网站需包含几个基本模块功能，突出体现其特色产品，见图4—25。

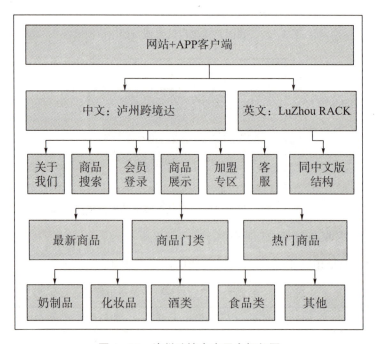

图4—25 泸州跨境电商平台框架图

引进国内外一些具有一定规模的物流企业来进行物流配送，如DHL、TNT、FEDEX、UPS、EMS、顺丰、申通、百世汇通等（见图4—26）。

图 4-26　国内外具有一定规模的物流企业

（2）资金结算平台搭建。

引进第三方支付机构进行资金结算平台搭建，如表 4-7 所示的 17 家获跨境支付牌照的第三方支付机构。

表 4-7　17 家获跨境支付牌照的第三方支付机构

城市	机构	业务范围
上海	汇付天下、通联、银联电子、快钱、盛付通、环迅支付、富友支付	货物贸易、留学教育、航空机票及酒店住宿（以下简称："全"）
	东方电子支付	货物贸易
浙江	支付宝	全
	贝付科技	货物贸易、留学教育
深圳	财付通	货物贸易、航空机票及酒店住宿
	钱宝科技	货物贸易、留学教育
北京	通融通、爱农驿站科技服务公司、钱袋网、银盈通	全货物贸易、留学教育
重庆	易极付	货物贸易

4. 对策建议

（1）完善体系制度。

发挥政府的规划组织协调作用，泸州市政府牵头建立由各方面组成的联席会议制度，着手对跨境电子商务的推进及平台的建设规划。跨境电子商务推进工作是一项复杂的社会系统工程，不是一个企业、一个部门、一个行业、一个地区所能独立完成的。建立跨境电子商务平台本质上是对新技术、新平台、新流程的整合和优化，这需要政府、服务商共同推进加快跨境电子商务平台建设。

（2）加大对跨境电子商务的扶持力度。

电子商务因其行业的特殊性，前期要求投入较高，任何互联网企业如果没有政策上的扶持是很难做大做强的。建议通过财税优惠政策，鼓励跨境电子商务应用。建立跨境电子商务应用专项扶持资金，扩大资金资助的范围，降低电子商务的应用门槛，鼓励企业开展网上贸易和跨境电子商务。完善跨境电子商务投融资机制，研究制定促进金融业与跨境电子商务相关企业互相支持、协同发展的相关政策。鼓励满足条件的企业组成联合主体，通过跨境电子商务平台开展网络联保贷款，进行自助融资，缓解资金瓶颈。

（3）健全跨境电子商务平台建设的支撑体系。

一是制订跨境电子商务安全认证管理办法，建立布局合理的安全认证体系，提供可靠的跨境电子商务安全认证服务；二是完善信用体系，以健全法规和创新制度为支撑，通过行业诚信自律机制，促进跨境电子商务交易诚信经营，防范交易风险；三是建立和完善适应跨境电子商务发展需要的现代物流体系，建设物流信息平台，以跨境电子商务应用带动泸州乃至四川物流行业发展，提高物流企业经营水平和服务效率，形成覆盖全省的高效的物流配送网络体系，提高物流企业的社会化、组织化和信息化水平；四是完善支付体系建设，推进跨境电子商务企业与商业银行等机构探索建立新型电子商务支付模式。推广使用银行卡、网上银行等在线支付工具，积极发展第三方支付平台等新型支付手段推动在线支付业务规范化、标准化。

（4）建立跨境电子商务人才引进培养使用机制。

建立多层次的电子商务人才吸引和激励机制，优化电子商务创业环境。积极向国内外引进泸州市急需的电子商务高级复合型人才，开展电子商务国内国际交流，提高管理人员素质，建立健全专业化电子商务管理人才队伍。积极推动高等院校进一步完善电子商务相关学科建设，完善电子商务人才服务机制，引导高校电子商务专业学生向重点产业、重点项目及民营企业集聚，拓宽校企合作的渠道。

（5）加强对跨境电子商务平台的监管。

积极研究、探索监督管理跨境电子商务活动的有效模式、方法和手段，加大执法力度，加强对跨境电子商务平台的监管。规范跨境电子商务信息传播、发布内容、传播方式，维护交易信息安全，保障信息的有效传播，规范电子商务合同文本，查处利用网络不平等格式条款侵权行为，打击跨境电子商务领域的欺诈行为，优化网络交易环境。

5 泸州港现代航运中心保障体系建设

5.1 政策保障

目前，泸州港口物流企业处于发展初期，还存在观念不到位、基础薄弱等问题。在这种情况下，政府部门应从财税、人才等多个方面为泸州港口物流企业提供政策上的优惠与支持。近年来，四川省以及泸州市针对促进港口集装箱流通已经出台了相关补贴优惠政策，但仍需在更广范围内制定支持港口发展的相关政策措施。

5.1.1 已有政策

1. 四川省已有政策

省级政策主要有对进出泸州港的集卡车，高速公路通行费按标准费率的35%收取；六轴集装箱车71.5吨以内允许通行，交警、路政队集卡车不检查、不处罚；由成都和泸州两地各出50台拖车，开行成都—泸州集装箱货运班车，成都至泸州高速公路通行费在优惠40%的基础上再优惠50%，且不检查不罚款；实行财政补贴，对集装箱班轮公司实行财税减免和补贴，对新建集装箱船舶实行贴息扶持等4项具体优惠政策。

2. 泸州市已有政策

（1）交通方面的扶持政策。

①开通集装箱运输专用通道，对从隆纳高速路泸州站口进出龙溪口集装箱码头的集装箱运输车指定道路运输专线：龙马大道—鱼关公路—进港公路。在此专线上可以通行六轴以上的（含六轴）车货载重60吨以下（含60吨）的单箱车、车货总重75吨以下（含75吨）的双箱车。

②集装箱运输车实行分类别收取路桥通行费。

③对新建或外籍转入我市入籍，并在泸州港从事集装箱班轮运输的船舶给予政策优惠：三年内对其应缴纳的船舶港务费、船舶检验费按每艘船舶8000元/年包缴；三年优惠期满后，按当年现行规费征收政策标准执行。在执行期间内如遇国家水路交通规费征收、管理政策调整或变动，执行新政策。

（2）财政方面的扶持政策。

①对船公司新开、增开班轮航行一年以上的，每新开、增开一班由市财政一次性奖励10万元；对开行的快班航行一年以上的，由市财政每年奖励30万元/班。

②新引进大宗货种在泸州港装箱下水的，年业务量超1.5万吨的，由市财政奖励订舱人5万元；超2万吨的奖励7万元；超3万吨的奖励10万元。

③对在泸州成立的货代公司，每年代理从泸州港进出集装箱达到2000标箱的，由市财政奖励5万元；2000标箱以上，每增加1000标箱奖励2万元；超过5000标箱的，每增加1000标箱奖励3000元。

④在泸州港进出的集装箱达到500标箱以上的企业，按照50元/标箱的标准给予奖励。

⑤奖励资金的来源按照市财政与集装箱码头运营公司7：3的比例承担。

3. 港口已有优惠政策

其主要包括空箱暂时免收堆存费，重箱暂时免堆存30日，装卸作业费优惠（进口重箱暂时下调10%，出口重箱暂时下调5%），进口危险品作业费暂时下调为装卸费优惠后加收10%，对陆上进港空箱且以重箱在港口发运的免收非水路外进集装箱空箱装卸费，小箱货装大箱发运的装箱费、装卸费按照小箱费率收取，暂时免收卸船重箱重出空不返费用等7项具体优惠政策。

5.1.2　下一步政策制定建议

上述扶持政策在实施后得到了较好的反响。借鉴国内其他港口城市的经验，并结合泸州港自身的情况，下一步政府应该重点在财税金融、土地使用、物流技术与信息发展、运输市场开拓、港口功能拓展、集装箱发展等方面出台扶持政策。

1. 财税支持政策

政府可以通过制定相应的财政和税收政策，以实现经济手段调节的目的。

（1）制定航运企业财政扶持政策。泸州市政府可制定航运财政扶持政策，比如对航运业税收贡献大、净增运力多、计税营业收入高的企业以及规模航运企业的落户给予奖励，奖励范围还包括引进和内部培养人才补助以及参与大宗商品交易平台建设等。

（2）建立航运业临时周转金制度。针对目前航运市场低迷、企业经营成本和融资难度不断上升的问题，泸州市政府可以参照舟山的做法，将航运业临时周转金从财政临时周转资金中单独分离出来，专门为短期资金紧张的航运企业提供临时周转资金，防止其资金链断裂。2011年上半年，舟山市已经有12家航运企业通过航运业临时周转金获得应急周转资金27笔，金额累积达到4.35亿元。

（3）建立专项物流发展引导基金，对列入全市重点建设的物流项目，要采取积极的财政扶持，给予必要的财政补贴。

（4）学习借鉴有关城市的具体做法，物流企业享受高科技企业一样的税收优惠政策，如新成立的公司，所得税可给予"两免三减"。

（5）运用财政贴息等手段，引导信贷资金，增加港口物流发展的投入。

（6）鼓励融资担保机构为物流企业提供信贷担保，支持骨干物流企业特别是重点第三方物流企业采用多种方式进行融资。

2. 土地使用政策

（1）对于物流企业，在规划、使用土地的审批上，要开辟绿色通道，特事特办，优先审批，提高工作效率。

（2）鼓励在统一规划的B型保税物流中心内设置物流企业，凡进驻B型保税物流中心的物流企业，享有土地政策上的优惠。

（3）对企业以原划拨土地为条件引进资金和设备建设物流配送中心的，可按规定补交土地出让金后，将土地使用权作为法人资产作价出资。

（4）对现有的适用于物流建设的土地，应采取改建、置换等方式进行处理。

3. 集装箱发展扶持政策

（1）泸州市现已开通集装箱运输专用通道，在市内免收路桥通行费的基础上，争取省级集装箱发展政策支持，在省内开通集装箱运输专用通道，免收路桥通行费，对集装箱重箱集卡运输实施燃油补贴，对黔北、滇北地区至泸州港运输加大补贴等。

（2）设立泸州集装箱铁水联运专项补贴资金，省市财政各安排一定的资金对集装箱铁水联运进行补贴，逐年递减。

（3）提供鼓励政策，例如，集装箱码头吞吐量同比增幅每达到5%，奖励

5万元等。

（4）鼓励贵州、云南及攀西等中长距离的集装箱、大宗散货开展经泸州港中转的铁水联运，港口可优先装卸作业，并给予相关费用优惠。政府对开展铁水联运的企业进行财税减免，提高企业盈利能力。

4. 运输市场开拓政策

（1）扶持航运公司增开航班航线。进一步采取航线补贴的方式，由政府出面担保航线保本运行，当实际运量达不到保本运量时，制定相应的减免班轮公司的财税政策。对于近期受航道条件影响，航运公司开辟航线积极性不高问题，可针对枯水期运营情况制定补贴政策。

（2）支持港口相关费用优惠。港口为吸引航运企业到泸州港开辟航线而实施的装卸费、仓储费等优惠，政府相应地对港口企业所得税给予减免。

（3）扶持港航企业做大做强。对在泸州本地开设分支机构及泸州本地组建的港航企业给予财政、税收等政策。此外，还可以通过财政贴息等手段，引导信贷资金，通过鼓励融资担保机构为物流企业提供信贷担保，支持骨干物流企业特别是重点第三方物流企业采用多种方式融资。

（4）支持"无水港"布局建设。重点在成德绵、川南、川东北等集装箱、滚装等货物运输需求密集区，由政府出资，省市相关港航、物流企业共同合作，推动以物流园区、枢纽站场等为平台的"无水港"建设，设立内陆还箱点，提高集装箱、滚装货源的集聚。

5. 物流技术与信息发展政策

（1）通过多种形式，鼓励、引导港口物流企业积极利用EDI、互联网等技术，通过网络平台和信息技术将企业经营网点连接起来，优化企业内部资源配置，通过网络与用户、制造商、供应商及相关单位联结，实现资源共享、信息共用，对物流各环节进行实时跟踪、有效控制与全程管理。

（2）推动物流与电子商务的融合，尤其是与跨境电子商务的融合。一方面，物流要为电子商务服务；另一方面，物流也要积极运用电子商务，实现电子化物流。

（3）建设城市智能运输管理系统、全球定位系统和基础地理信息系统。

（4）强化政府对物流信息系统建设标准化的宏观管理协调职能。要有单独的部门统一负责物流相关部门的信息系统建设协调、管理、技术标准制定及投资管理等工作，避免多头建设、标准不一的混乱现象。

（5）加快先进适用技术的推广应用，广泛采用标准化、系列化、规范化的运输、仓储、装卸、搬运、包装机具设施及条形码等技术。

6. 人才引进政策

人才引进政策主要体现在中高级物流人才的培养和引进上，具体措施包括以下三个方面：

（1）可以委托四川大学、西南交通大学等高校设立港口物流相关专业，为泸州港培养专门的物流人才。推动泸州市港口物流企业与科研院所开展多种形式的合作，促进产学研的有机结合。

（2）鼓励开展多种形式的人才培养模式，开展在职培训。

（3）制定人才柔性流动和各种激励政策，引进国内外优秀港口物流人才。

7. 差异化对待政策

为积极推进公共物流信息平台的使用，实行差异化对待政策，对加入公共信息平台的企业提供扶优政策或绿色通道，对拒绝加入公共信息平台的企业则不提供。

8. 金融政策

（1）开展针对性窗口指导。在充分调查研究和广泛征集意见的基础上，中国人民银行泸州市支行可以下发相关文件，要求各金融机构增加资金投入，积极拓展融资租赁等业务，支持航运企业发展。同时，积极推动金融机构开办在建船舶抵押贷款、"船舶按揭"贷款等业务。进一步强化窗口指导，继续搭建银企平台，制定差别化的信贷政策，指导金融机构对经营较好的企业，适当增加信贷授信和利率优惠，鼓励企业兼并收购，做大做强；对当前一些经营困难、资金紧张，但货源稳定的企业，适当给予贷款展期，防止企业资金链断裂，帮助企业实现长远发展。

（2）拓宽航运业融资渠道。一是继续加大对金融租赁、买方信贷等创新类金融业务的引导与支持力度，引入市外资金支持航运业发展。二是鼓励发展债券融资，支持符合条件的航运企业在银行间债券市场发行短期融资券，推动首单航运中小企业集合债券发行。三是大力支持航运企业上市融资，将泸州港优质资产整合上市，加大对中小航运企业股份制改造和上市辅导培育力度，积极培育和规范发展产权交易市场，为中小企业产权和股权交易提供服务。

（3）搭建跨区域融资平台。泸州市应当积极主办或协办船业博览会、船业融资银企洽谈会、市外银行业金融机构与工业企业融资洽谈会等大型融资洽谈会，以及以船舶航运企业为主的银企洽谈会，为港口跨区域融资搭建平台。

（4）大力推动航运金融租赁业务。泸州市应加大航运业金融租赁业务监测力度，必要时要求金融机构加强与系统内租赁机构的合作，并将金融租赁业务开展情况单独列入金融机构支持地方的经济考核，推动金融机构对租赁业务的拓展。

（5）成立长江上游港口发展基金。由四川省港航集团、泸州市政府以及国有大型券商牵头募集成立港口发展基金。以公司形式管理基金，一方面解决泸州港口升级发展所需的建设资金，另一方面可以通过科学的基金管理实现资本和资源的优化配置。

5.2　人才保障

加快发展泸州港港口物流，是推动区域合作以及西南经济社会发展的需要，也是做大做强泸州港口，提升港口竞争力的必然要求。现代港口运营是一种系统化、综合化的工作。其实施需要港口管理人员具备相应的理念和素质，尤其对于高层经营管理人员，不仅要求其具有一定的航运、物流专业技术知识，还要有相当的综合管理能力，同时还应根据服务对象的特性，了解相关的生产、经营、实际运作的基本知识。因此，港口人才培养是一个复杂、持久、涉及内容广泛的工作过程。

5.2.1　港口人才的分类

1. 宏观管理层次人才

（1）管理型：主要在企业或政府部门从事港口物流管理工作，负责筹划宏观性、全面性和方向性的港口运营方案，拥有一定的决策权，并承担相应的责任。管理型物流人才应该具备较强的组织协调能力和突出的管理才干，需要扎实的理论基础和较强的实际运用能力。

（2）创新型：主要在大专院校、科研机构从事港口运营理论研究、技术开发和人才培养工作。他们的基本任务是港口理论知识的创新和推广。理论型港口人才应该具有较高的理论素养、较强的创新精神和严谨的工作作风，从宏观的层面对港口的发展问题进行研究，提出港口发展的相关政策建议。

2. 各类企业的物流管理人才

其主要在企业从事港口计划的制订、港口作业流程控制、港口资源调度等实务工作或在有关设计单位从事物流系统规划及物流据点设计等开发性工作。

他们的工作直接面向实际，具有较强的技术性。所以，港口企业应用型人才应该具备一定的理论基础，同时具有较强的解决实际技术问题的能力。经营管理人才除具备良好的货物和货运知识外，更要掌握电子经营管理技术。

3. 港口作业的一线操作人员

其主要在有关作业现场从事技术作业。他们是港口功能的最直接执行者，应该具备较高的实际操作能力。这类人才具有一流的操作经验，对货物装卸、船舶调度、堆场管理等作业非常熟练。他们具有较为全面的港口操作和管理知识，可以同时胜任多个岗位，能够对所执行作业进行全程全方位监控、优化和提升，并能够随着港口企业的发展而快速成长为复合型技术和管理人才。

5.2.2 人才储备和建设

港口物流是现代港口发展的趋势之一，现代港口的功能已不仅局限于传统的装卸和仓储等基本功能，而是已发展到涉及运输、储存、装卸、搬运、包装、流通加工、配送、信息处理以及为以上各环节提供装备和配套服务的诸多领域。港口物流服务涉及国民经济的多个方面，是一个跨行业、跨部门、跨地区的基础性产业，具有强大的经济渗透力和带动效应。因此，港口物流应用型人才的培养模式和物流管理人才的培养模式、培养目标以及课程体系上存在着很大的差异。培养既要具备现代物流管理知识和应用能力，又要有港口管理知识和应用能力的复合型人才成为面向泸州港区港口物流人才培养的一个重要任务。

1. 泸州港人才储备保障

（1）加大高层次人才和紧缺人才引进力度。大力开发国内人才市场和人才资源，着力引进泸州港急需的高层次人才和国际贸易、物流等紧缺专业人才。畅通港口人才引进"绿色通道"，消除人才引进中的体制性障碍，为港口人才引进提供高效便捷服务。积极拓宽港口人才引进渠道，采取灵活多样的港口人才柔性流动政策，按照"不求所有，但求所用"的原则，不拘一格引进人才智力。鼓励以短期聘用、人才兼职、技术引进、合作研究、项目招标、技术指导等方式，大力引进港口各部紧缺急需的高层次人才智力，做到"引才"与"引智"紧密结合。

（2）"订单式"培养。加强泸州港与高校的合作，根据泸州港的需求，在高校实行"订单式"培养模式，单独开设一个班级，与学校共同培养人才，安排其到港口实习，这样学生进入泸州港就能直接上岗。

（3）进行职业技能培训。职业资格认证可以对从业者的技能水平或职业资格进行客观、公正、科学规范的评价和鉴定，说明从业者具备相关职业所必备的技能。从事港口运营操作人员需要报关证、报检证、货运代理资格证和外贸跟单证等。对从事港口物流人员的职业资格的培训与认证，可以消除港口作业人员的知识结构与岗位需求不相匹配的矛盾，提升作业效率和质量。

（4）加大港口人才交流力度。建立健全人才交流制度，推进人才交流制度化、经常化。加强与其他大型港口的人才交流，定期选送人才到其他大型港口挂职锻炼，同时积极引进其他大型港口的人才来任职挂职。完善从基层选拔人才的制度。稳步推进政府雇员制，对部分专业性较强的行政岗位实行聘任制，为港口经营管理人才和专业技术人才进入管理层开辟通道。制定管理层人员向港口基层流动的政策和社会保险衔接办法。

2. 泸州港人才建设与发展保障

必须根据港口未来发展需要，制定人才培养规划，充分利用现有人力资源，进一步发现和挖掘现有人才潜力，通过建立有针对性的人才内部培养机制，才能实现泸州港人才持续发展，以便更好地服务于泸州港口经济发展。

（1）完善港口的用人机制。传统的人事管理模式在很大程度上限制了人才的优化配置。必须建立新型的、能上能下的、能进能出的、灵活能动的用工制度，本着"精简、高效"的原则实现人才的合理流动，将冗余人员与下岗分流、再就业衔接起来，在市场竞争中实现转型和升级，寻求新的利润增长点。紧密围绕人才的"引、选、用、育、留"等关键环节，积极营造"事业留人、感情留人、待遇留人"的人才机制。

（2）为人才提供竞争性薪酬。薪酬管理以一种独特的方式在港口企业人力资源管理中发挥着不可替代的作用。薪酬高低在很大程度上决定着人才的流向，是激励职工的重要手段。港口人才，特别是港口技术、技能人才的薪酬水平相对较低，不但无法与外资、民营企业相比，甚至在同行业中也不具有竞争力。在港口内部不同单位从事相同工作的人，薪酬水平也存在较大差异，导致青年生产技术骨干流失。破解这个难题需要我们切实提高生产岗位人才特别是"蓝领"人才的薪酬待遇，可以试行港口标兵、首席职工、技术带头人年薪制，避免行政管理系列的拥堵，刺激一线职工的成才热情，实现人才的合理布局，全面提高港口的生产作业效率。

（3）培育港口企业文化的凝聚力。企业文化是职工认同的共同价值观，追求的是在职工和企业间建立起一种互动相依的关系，使职工热爱自己的企业，具有很强的凝聚力和感召力，对稳定人才队伍起着至关重要的作用。如经营管理的理念、战略目标的透明性、内部分配的相对公平性、人才使用的合理性、职业保障的安全性等均能反映出港口的企业文化内涵。出色的企业文化对人才的吸引力是其他形式无法比拟的，它弘扬的是一种精神，强调的是一种氛围，打动的是一颗心。

（4）重视人才的职业生涯规划。依据泸州港口的生产经营与发展、职位种类与特点等进行岗位序列设置，建立经营、管理、技术三类人才的职业发展通道。同时，加强对人才的继续教育与培训，建立符合各类人才发展特点的培训模式和体系，嫁接国内外知名高校院所，理论学习与实践教学相结合，"走出去"与"请进来"相结合，提高人才的综合素质和技能，使人才在使用过程中实现自我完善，推动港口快速发展。

5.3 后援服务保障

后援服务保障，主要是指对港口正常运营的后援服务和其他支持，在港口主要体现为综合服务业的建设。港口综合服务业则指为港口生产经营提供服务和支持的产业，它能够对港口生产起到辅助支持作用或能够成为港口发展新增长点的产业。

港口的综合服务业涉及面广，牵涉的资源复杂繁多，主要包括餐饮、物业管理、旅游、培训、咨询、交通、传媒、对外贸易等方面。近年来泸州港的综合服务产业快速发展，在港口物业管理、餐饮、信息服务等方面均取得了长足的进步。但是，目前看来泸州港港口综合服务业涉及的大部分企业依然是以对内服务为主，对外服务竞争能力不强，因此应科学地进行规划，便于港口综合服务业的聚集和合理布局，在提升对内服务水平的同时，努力向外拓展业务，增强竞争能力，使其成为泸州港新的增长点。

5.3.1 突出重点，合理规划港口服务产业

泸州港要真正发展成为川滇黔渝地区性的航运中心，不仅要发展港口的装卸仓储等业务，还要发展港口综合服务业，以求未来致力于全球供应链下对高端航运服务及现代物流服务功能的拓展。目前，泸州港服务业涉及领域较多，但各单位发展较不平衡，对外的服务能力并不强。因此，必须摸清楚现有的服务领域，规划好泸州港服务产业，重点培育有发展前景和持续竞争力的服务领域，比如港口旅游、港口交通、餐饮服务等。

5.3.2　体现特色，充分发挥行业优势

借助发展临港工业的契机发展生产性服务业是围绕企业生产进行的保障性服务，它贯穿于企业生产的上游、中游和下游诸环节。按照总体规划，应重点打造机械制造、食品加工、精细化工、新能源等产业，同时利用优势发展金融服务、咨询服务、工程设计服务等生产性服务业。

5.4　法务保障

港口作为集物资、交通工具、各服务部门的综合平台，涉及地区之间、国家之间的跨区域、跨境法务协调，涉及水上运输关系与船舶关系的调整，涉及与口岸其他政府职能部门的合作。因此其法务环境的建设必须纳入港口发展的重点。泸州港目前并没有较完备的法务保障体系，而打造泸州港为中心的现代航运物流中心，离不开健康、公正的法务体系的营建。

营建法务保障体系的必要性：

港口在发展的过程中，面临着众多问题，如港口安全与保护、港口环境保护与公共卫生、港口应急事件处理、港区船舶航行、停泊和作业规范化等。因此，有必要通过引进专业的公司制定相关的章程，健全法务保障体系，保证港口规范健康地发展。目前，泸州港口装卸业处于一个增长期，港口产业呈现多元化发展的趋势。港口中的企业从原先熟悉的产业领域进入陌生的领域，从具有垄断性的港内市场进入竞争激烈的港外市场，港口的管理难度越来越大，面临的法律关系越来越复杂，法律风险的发生概率升高，对其风险识别能力和控制能力提出了更高要求。原先可以在商务层面解决的问题可能会上升为法律争端，需要引起重视。

5.4.1　建立健全港口法律体系

为了建立健全泸州港的法律法规体系，加快法务工作的建设，由泸州市政府牵头，将交通主管部门、海事行政执法部门、司法部门、海关、商检等职能部门汇集起来成立港口法务领导小组，全面调研泸州港目前的法务环境以及与国内、国际同类港口的差距。在借鉴国内外优秀港口法律法规的基础上，梳理国内现有的各项航运法规，制定、修改和完善适合泸州港发展的法律法规体系。完善赔偿责任限制标准、水上运输承运人过错责任认定、航运人才从业规

范等。此外，在航运生产要素及其业务活动方面（主要包括船员方面、航运管理方面、航道方面、安全方面、环保方面等）制定相关章程，健全相关法律。

5.4.2　引入专业的法务机构

引入专业法务公司，成立港口内部法务机构，其任务是努力使港口企业行为规范化，依法经营，同时它也是港口发展建设中在法律方面的参谋和助手。专业法律机构的质量影响着港口法律工作的质量。例如，2011 年，天津港集团确定了 5 家律师事务所组成的集团公司外聘法律顾问资源库，集团公司从资源库中选择常年法律顾问。资源库的建立，保证了外聘律师法律服务的质量，建立了稳定的法律服务团队，而且有效降低了集团公司的法务管理成本。

5.4.3　重点加强航运管理服务

交通、航运、地方海事等政府职能部门，要突出重点，积极认真依法履行法定的职责，搞好管理和服务，维护经常的航运市场秩序，确保水上运输安全。加强航运市场秩序的整顿和治理，坚决取缔和查处无证运输、超载等违规违法现象。海事部门要加大水上行政执法力度，加强动态监督管理，查处各种违法行为，积极认真做好经济损失赔偿的行政调解工作，减轻当事人的诉累。交通、海事、航务（航管）、工商、税收、金融、保险、教育、劳动等部门要认真贯彻落实市政府出台的各项政策法规，努力营造泸州航运发展的良好环境。成立泸州航运协会，与市保险协会及保险部门联系，就承保条件、保险费率等方面的保险优惠、倾斜政策等进行磋商，为航运企业服务。

5.4.4　培养法务人才梯队

法律队伍建设是港口法务发展建设的保证。事实证明了只引入专业的法务机构对企业、机构、组织的法务发展建设是有有限的，因此，为加强泸州港法务工作的开展建设应对港口的相关人员进行法律教育培训，增强其法律意识，注重对人才队伍的培养。这样才能系统解决问题，有效实现法律风险管控前移，提供完整的解决方案等。

5.4.5　发挥仲裁优势

泸州市仲裁委员会要充分发挥仲裁这一市场经济体制内部实现自我完善的纠纷解决机制，努力为泸州航运物流业的健康发展提供仲裁服务。首先，要积极主动宣传仲裁法律制度，宣传仲裁有关的法律知识，宣传仲裁的优势和特点，提高港口相关企业、公司、人员的仲裁法律意识，践行公平、正义准则，提高仲裁的社会公信力。其次，建设一支高素质的专家型仲裁员队伍，努力提高仲裁服务质量和水平。要针对海事专业仲裁员缺乏的现状，从国内从事海事专业的高校教授、专业律师、学者中聘请一些专家型海事仲裁员，为搞好海事仲裁工作创造条件。

5.4.6 推进法务工作信息化

法律工作的信息化兼具法律服务和法律管理双重功能，是企业、组织、机构等法律普及的重要手段，也是落实法律制度流程、实现法律监管、提升工作效率的有效抓手。泸州港应搭建法律信息平台，在法律服务方面，设置普法宣传、法律研究、法律管理、案例分析等模块。增设在线互动平台，要求引入的专业法务机构为平台提供实时在线咨询服务。法律管理方面，开发合同登记、合同和诉讼案件统计、法律信息报送、法律工作人员登记等在线管理功能。实现法律管理流程的标准化、规范化，通过信息化平台推进法律理论与实践的结合。此外，法律工作的信息化还可以提高港口人员的自我约束水平、职业操守、道德标准。

5.5 营销保障

港口市场营销模式大致经历了以产定销、推销、市场营销三个阶段。当前，港口企业只有树立市场营销观念，综合采用产品、价格、渠道、促销等市场营销策略，才能在激烈的市场竞争中求得更好的生存与发展。现代营销大师菲利普·科特勒在他的《科特勒营销新论》（*Marketing Moves：A New Approach to Profits，Growth and Renewal*，2002）中深入阐述了全方位营销的定义：“公司将创业资源的安排、供应链的管理和客户关系管理等信息能量整合在一起，以换取市场上的更大成功。”这就需要利用互联网、企业内部网络和外部网络，组合成合作网络以取得发展。它将是全方位的，因为市场营销不再被看作是以各个部门为单位，不相往来的活动，它还必须成为“企业中供销链和合作网络的设计师”。

泸州港目前已使用一些传统和现代手段实施其促销策略，包括在专业报刊上宣传港口优势，使腹地政府、企业、公众对港口有一个全面的了解；建立港口网页，及时更新信息港口相关新闻等。但这些手段还不足以支持泸州港未来的跨越式发展。结合菲利普·科特勒的新营销理论，泸州港应该创新营销手段，全方位提升泸州港的公众认知度，深化港口创新服务职能，力争做到"人无我有，人有我优"。

5.5.1 借脑营销

企业的竞争，归根到底是人才的竞争。可以搭建四川大学与泸州市政府校市共建的平台，全方位"借脑"和营销。通过举办各种活动，提升泸州港的影响力。比如：由泸州港主办，四川大学计算机学院协办"港口综合信息平台设计大赛"；由泸州港主办，四川大学商学院、四川大学 MBA 中心协办"跨境电子商务模拟运营流程大赛"。这些赛事的举办宣传了泸州港，培养了人才，更重要的是培养了潜在的客户——跨境电子商务参与企业。

5.5.2 "跨行业"营销

泸州港需要跳出港口、物流、船代的行业圈子，以更广阔的视野看待现代营销，尤其是面临 2015 年保税中心 B 型正式运营以及不久的将来实现泸州保税区加工区落地的新机遇。港口应当拓宽营销的范围，实行"跨行业"营销。如参加省内、省外甚至国际著名的展览会、博览会，带着现代化的泸州港名片走出去；参加每年在成都召开的糖酒交易会、西博会及欧洽会、广交会、东盟博览会等；积极参加与食品加工、精细化工、重工制造、汽车零部件与整车等的专业性国际博览会，会同现有客户中的重点企业，联合参展。

5.5.3 "借力"营销

与大型货代、船公司、生产制造型企业甚至跨境电子商务网络平台进行营销平台对接，通过他们的宣传及见证，拓展客户资源。比如，在上述类型公司的网站上打出条幅或弹出性广告，不定期推送港口相关动向，或是在这些企业现有的平面促销媒介上加上泸州港的平台等。

5.5.4 "微"营销

现代营销已进入"微营销"时代，"微"潮流迎合了菲利普·科特勒的新营销定义，将结合网络、平台的信息整合，全方位提升企业的营销影响力。泸州港目前已经有了自己的网站，建议以网站为依托，成立泸州港务"微"平台，与四川大学、电子科技大学、西南交通大学合作，建立泸州港务微信平台，该平台每天推送港口物流、港口科技、港口金融、港口发展的相关最新研究，为泸州港的发展建立"微"智囊库与交流平台。同时，委托相关专业企业开发泸州港务 APP，其功能涵盖口岸动态、订舱指南、通知公告、手机办公、法务金融咨询等功能，力争在两年内使泸州港主要客户运用此 APP。

专栏五　大连港航运通 PDA

2013 年 12 月 9 日，"大连港航运通"移动应用系统推出。不管腹地客户走到哪，只需用自己事先下载安装有这一软件的手机，就能很方便地查到大连口岸动态、船期查询、通知公告、港航 114、我的订单、港口介绍、大连港客服热线等信息，并连接大连港微信客户端"DPdalian"。如果客户想预订集装箱舱位，相关航线船舶基本情况、舱位现状在手机上也能够一目了然。

5.5.5　"境外"合作营销

针对泸州港未来的发展规划，其服务于外向型经济的功能亟待加强。港口可以结合川货境外目的地，在主要的境外目的地进行传统的营销。基于这种营销手段价格昂贵，因此可与主要货源供应商一起，在欧洲机场、铁路、地铁站台进行广告牌营销（可以借鉴 Intel 的做法，在他们的广告下方加入"All Through Port of Luzhou"）。此方法也同样适用于国内的传统营销。

附录一 发展泸州港保税物流中心（B型）的建议

保税物流中心（B型），以保税仓储物流为主要功能。国内出口货物、转口货物和国际中转货物、加工贸易进出口货物等，经海关批准可以存入保税物流中心。出口货物进入保税物流中心后即可办理出口退税手续。保税物流中心外企业将货物销售给物流中心内企业的，或物流中心外企业将货物销售给境外企业后，境外企业将货物运入物流中心内企业仓储的，物流中心外企业凭出口发票、出口货物报关单（出口退税专用）、增值税专用发票、出口收汇核销单（出口退税专用）等凭证，按照现行有关规定申报办理退（免）税。保税物流中心（B型）由一家企业经营，可多家企业进驻。至2014年10月，国家共批准了38家保税物流中心。

泸州作为全省对外开放口岸城市和唯一的集装箱港口城市，在发挥川滇黔渝结合部物流枢纽作用和服务我市乃至全省战略发展方面，取得了一定成效。特别是近年来，在省委、省政府的坚强领导下，泸州口岸建设突飞猛进，由国家二类水运口岸提升为国家一类水运口岸工作列入海关总署规划，泸州港集装箱码头二期工程建成投入运营，码头二期续建工程加快建设，进港铁路已建成通车，进港高速公路正在快速修建。随着口岸级次的提升，港口功能的完善，泸州在全省实施"一枢纽、三中心、四基地"的西部经济发展高地战略中的地位将更加凸显，在四川构建沟通东南亚重要交汇点和走廊、打造西南地区各种要素和商品重要集散地进程中，将进一步起到积极的承接和补充作用。近日海关总署、财政部、国家税务总局、国家外汇管理局联合发文，批准设立泸州港保税物流中心（B型），这是除刚通过验收的成都空港保税物流中心外，四川省第二家保税物流中心。泸州港保税物流中心批准建设面积为0.21平方公里，功能主要包括保税仓储、国际物流配送、流通性简单加工和增值服务功能、进出口贸易和转口贸易功能、物流信息处理等。做大做强泸州港B型保税物流中心将配套国家一类水运口岸建设，完善国际集装箱港口的保税功能，促进泸州成为全省开放合作的前沿阵地，提升泸州在大西南的核心竞争力。

一、泸州港 B 型保税物流中心总体架构及运营模式

（一）总体架构

泸州港 B 型保税物流中心所在地泸州与滇黔渝三省（市）接壤，处于三大经济区（长江经济带、成渝经济区、南桂昆经济区）叠合部，是构建沿江发展轴和向西开放中印缅孟经济走廊的重要节点城市和商贸物流中心。

泸州港是四川乃至西部地区东进长江上海自贸区，南下泛珠三角区域出海，西联云南桥头堡的便捷通道。从港口资源来看，以泸州港国际集装箱码头为依托的公水、铁水、空水联运网已基本形成。连接腹地出口加工区、经济技术开发区资源及泸州港临港产业园区，泸州港 B 型保税物流中心将整合资源和政策优势，打造先进的现代保税物流服务支撑平台，实现各功能区联动、产业互动的格局。

为拓展泸州港保税物流中心功能，充分发挥泸州港、泸州机场、进港铁路的运输便捷及临港产业园区的政策优势，泸州港 B 型保税物流中心将依托与强化港口竞争力，吸引国际货物的分拨、中转，使之成为国际航线上的物流中转基地；依托泸州机场、进港铁路、高速公路等交通枢纽优势，整合保税物流、保税加工政策资源，集成国际中转、国际采购、国际配送、国际转口贸易功能，构建物流设施、物流信息、物流政策三大平台，发展现代国际保税物流业。

（二）运营模式

就运营模式而言，保税物流中心（B型）和泸州港口岸为核心的外向型物流将采用以下三种运营模式。

1. 模式一：水水联运物流通道

依托泸州港，畅通水水联运物流通道，降低物流成本。中远、中海、民生、长航、太平洋等船公司在泸州港开通了"泸州—上海""泸州—武汉""泸州—武汉—台湾"等集装箱快班轮航线，班轮密度达 30 余班/周。丹麦马士基、法国达飞等 20 家世界级海船公司的集装箱到泸州港中转。水路运输是目前最具有价格优势的物流通道，也是国际贸易的主要运输方式。泸州港 B 型保税物流中心与泸州港区港联动，必将为降低四川省物流成本做出贡献，并将成为川南地区承接产业转移、开展经济合作和提升经济发展水平的服务平台和

"助推器"。

2. 模式二：公水联运物流通道

四川省现已在龙泉设立公路口岸，成自泸高速的建成使泸州与龙泉口岸的距离缩短，对接成都出口加工区与龙泉汽车产业园区的能力增强。泸州至省内各市州及周边省会城市的高速公路交通圈也已经基本形成。未来围绕港区将陆续建成一环七射高速公路网。对于时效性不强的产品可以采取公水联运、公铁联运模式，对于时效性要求很高的产品则可以采取陆空联运模式。

3. 模式三：铁海联运物流通道

铁道部正在规划建设以上海为中心的 18 个集装箱中心站（包括东西湖区）是覆盖全国的高等级、大能力的集装箱运输网络。随着大批客运专线和大能力通道的相继建成，我国铁路发展集装箱多式联运的潜力将被逐渐发掘，空间也将陆续被打开。

所以，保税物流中心（B 型）与铁路口岸衔接，可以实现与沿海港口的铁海联运模式，将加快内陆地区与边境口岸的进出口商品流动速度，同时获得时效与成本的收益。

泸州港进港铁路建成运行后，与成都青白江 100 万标箱铁路集装箱中心站实现了无缝对接。成都青白江铁路集装箱中心站是全国 18 个中心站之一，也是亚洲最大的铁路集装箱中心站。成都铁路集装箱中心站建成后，远期年吞吐量将达到 240 万标箱，与之配套的成都国际集装箱物流园保税区也即将开工建设，构筑起中西部地区规模最大、海铁联运、通达全球的大型内陆港。成都青白江铁路集装箱中心站与泸州港实现铁水联运，形成集装箱、散货的对流，降低物流成本，使泸州港成为成都经济区开放合作的前沿平台和支撑点。泸州港 B 型保税物流中心正式运行后，对于满足进出口贸易中企业在保税状态下的采购、配送、分拨等需求将起到重要作用。

二、泸州港 B 型保税物流中心优惠政策建议

保税物流中心的主要政策优势为：企业可以直接在保税物流中心所在地主管海关报关；境内货物进入保税物流中心视同出口，享受出口退税政策，并在进入中心环节退税；境外货物进入保税物流中心，海关给予保税；保税物流中心货物销售境内时，企业可以按保税物流中心的实际贸易方式向海关办理进口

报关手续；保税物流中心内的货物可在保税物流中心企业之间，保税物流中心与保税区、出口加工区、保税仓库、出口监管仓库和其他保税物流中心等海关监管区域、场所之间进行自由转移和跨关区报关提取等。

参考苏州保税物流中心优惠政策和监管便利，现提出泸州港保税物流中心优惠政策建议：

（1）免税缓税。

货物可以在保税物流中心与境外之间自由出入，免征关税和进口环节增值税，免验许可证件，免予常规的海关监管手续（国家禁止进出口和特殊规定的货物除外）。区内企业进口自用设备、办公用品、生产用原材料、零部件等免关税、进口环节增值税；进口产品进境备案，内销产品进关完税。

对注册在保税物流中心内的企业从事国际航运、货物运输、仓储、装卸搬运、国际航运保险业务取得的收入，免征营业税。

（2）增值税率。

区内企业进口设备免进口环节增值税，在全国其他地区推行的增值税转型改革不适用于保税物流中心。

（3）外汇管理。

不实行外汇核销，企业的外汇收入可全额留存，根据《保税监管区域外汇管理办法》，实行灵活、便利的外汇政策。

（4）出口退税。

在保税物流中心的国内货物装船离岸出口，办理退税；在保税物流中心货物入区视同出口，办理退税；从国内其他港口启运经泸州港中转的货物，在离开启运地时即可办理退税。

（5）保税加工。

保税物流中心可以实现流通性简单加工和增值服务功能。对境外运入区内的企业加工出口所需的原材料、零部件、元器件、包装物件、转口货物以及区内存储货物实行保税。加工产品内销按照进口原材料、零部件征收关税和进口环节增值税，区内企业不实行加工贸易银行保证金台账和合同核销制度。

（6）集中报关。

区内企业出区进国内销售货物可集中办理海关申报手续，适用"集中报关"通关模式；陆水、陆空、陆铁联运通关流程优化。

（7）快速商检。

实现检验工作前置，部分进口商品在进境备案环节可实现"预检验"，进一步缩短检验监管时间和流程。

（8）存储期限。

保税货物在区内存储无期限限制。

（9）市场准入。

外商投资企业可以从事国际贸易、保税仓储、国内分销、物流、分拨配送、商品展示、商业性简单加工及检测、售后服务等业务。

（10）财政扶持。

鼓励跨国公司"营运中心"集聚，加大财政扶持力度；对"成长型"企业贷款贴息；注册的外资生产加工企业，以及经过认定的研发中心、高新技术企业可享受国家及地方相关政策扶持。

另外，还有一些目前比较创新的保税物流中心业务，可以先行先试，探索研究使之扩展为自由贸易区的途径和可能性。

（1）国际贸易结算中心。

培育和发展新型国际贸易结算中心业务，实现进出口贸易、离岸贸易以及离岸和在岸贸易整合发展。

（2）期货保税交割。

发展期货保税交割功能，建立与大宗商品期货交易市场接轨的大宗商品竞价（保税）交易平台，增强我国期货交易价格国际影响力。

（3）水水中转集拼。

做大做强水水中转集拼业务，进一步降低集装箱运输服务各环节成本；探索有利于国际集装箱拆拼的港区一体化监管模式，打通国际中转集装箱拆拼业务流程。

（4）启运港退税。

落实启运港退税政策，提高江（河）海联运、海铁联运和海空联运业务的便捷高效性。

（5）商品保税展示。

发挥保税物流中心进出口、新型国际贸易、物流服务、保税政策等集成优势，创新和拓展进口高档商品（汽车等）、国际品牌消费品展示交易市场，提升进口商品交易市场辐射力。

（6）跨境电子商务平台。

申请跨境电子商务试点。由跨境贸易电子商务试点商户从国外采购后，以一般贸易方式批量进境保税存储于泸州港保税物流中心，实行"境内关外"运作方式，展开"阳光海淘"业务。进一步拓展泸州港保税物流中心的保税仓储和物流功能。

三、加快发展泸州港 B 型保税物流中心的若干建议

（一）制度保障

1. 海关监管

借鉴国外先进自由港的管理模式，以确保严密监管和高效运作为前提，结合信息技术和科技手段的运用，对"一线"进出境货物从备案制变为告知制，真正实现"一线放开，二线管住，贸易便利，流动自由"，建立具有中国特色，适应保税物流发展的新型海关监管模式。积极进行电子通关平台系统建设，尽量为区内企业寻求探索较为便捷、相对高效、区内高度自由的海关监管模式。

2. 税务和外汇管理

泸州港保税物流中心经营内容包括公共保税仓储（无时间限制）、分拨配送、简单加工和增值服务、物流信息处理、进出口贸易和转口贸易、检验检测、国际商品展示等。在中心内注册的企业可以自动获得进出口经营权、国际货运代理权、货物境内运输权，根据业务需求自由开展境内外的物流服务；境内外进入中心的货物给予保税；境内货物进入中心视同出口，实施入中心退税；中心与境外之间进出的货物，除国家禁止进出口和实行出口被动配额管理的外，不实行进出口配额、许可证管理；放宽对中心进出货物的外汇管制。

（二）组织保障

1. 多边协商机制

为了加快泸州港 B 型保税物流中心的发展，建议建立以市政府牵头的多边协商机制，形成由市政府领导，海关、国检、边检和市有关部门、涉及的龙马潭区、长江经济开发区、泸州港临港产业园区、泸州港等参加的联动工作联席会议制度，统筹解决相关问题。

2. "小政府、大企业"管理模式

按市场运作方式建立区域开发机制，保税物流中心与泸州港、泸州长江经济开发区、泸州临港产业园区进行合作开发建设，共同对外招商，引进国际知名采购商、物流商入区经营，并逐步将管理模式由"政府主导"型向"小政府、大企业"型过渡。

（三）技术支持

构建泸州港保税物流中心、泸州港综合信息服务平台。围绕畅通物流业务、降低物流成本和提高通关效率三个重点，建立统一的信息平台，实现泸州港、保税物流中心、区内企业与海关、检验检疫、港口、货代、船代等的联网和资料共享，完善"电子报关"系统，做到信息化监管、数字化办公，目的就在于确保保税中心这个虚拟口岸封关运作后，能够优化业务流程，提高通关效率。应加快电子口岸的组织建设和推广工作，逐步扩大国际国内合作，加强电子口岸的标准化建设，营造大口岸、大通关、大辐射的现代物流发展环境，最终建成面向国际国内市场的现代物流公共信息平台，即以资源整合为基础，以泸州港 B 型保税物流中心与临港产业园区为聚集区，以泸州港为依托，以商贸和物流两大产业为支柱，引进科学管理模式，实现与国内外物流信息系统的衔接；并开放与国内外其他物流信息系统的接口，将政府数据信息释放出来，并鼓励企业进行信息共享；全面提供高品质电子数据，以及综合信息服务、企业供应链管理、中小企业应用托管、专业交易市场和公共数据交换等五大基本服务体系。

（四）政策保障

1. 通过泸州港口发展促进泸州港 B 型保税物流中心的建设

第一，引导川货走川港。加强宣传，利用西部博览会、物博会等平台，宣传、引导更多的川企货物运输走川港。重点引导我省国有大中型企业支持川港物流的发展，带头使企业的原料、产品走泸州港。改进港口服务，引导公路运输、铁路运输等其他运输方式的货物改走泸州港，进一步降低物流成本。

第二，提升泸州港航道等级。积极争取国家发展改革委、交通运输部等相关部委支持，尽快启动川江泸渝段内 9 个险点（滩）的整治，并将川江段航道"Ⅲ升Ⅱ"直至"Ⅱ升Ⅰ"改造工程列入交通运输部"十三五"规划。加快对航道进行升级改造，增强大吨位船舶通航能力。积极引进民间资金，建立资源补偿和资金补偿机制，推进航道改造提升的进程。

第三，发展临港产业。引导化工、重大装备制造业、汽车零部件、战略资源加工业和便于船舶装卸、运输时间要求低的食品饮料等产业向临港经济带布局，大力发展临港经济。建设国家、省级临港物流示范园区，打造长、珠三角物流综合基地。发展保税物流等新业务，引导港口经营模式由装卸仓储为主向物流中心转型，形成沿江产业和物流运输相互促进、良性发展格局。

第四，加大政策扶持。鼓励开辟新航线。鼓励、引导和促进集装箱运输新航线、新航班的开辟，积极拓展运输货源，对开辟新航线的公司、组织箱源的船代、货代和物流企业根据实际集装箱运输量予以财税减免和补贴、贴息扶持、政策优惠、燃油补贴、现金发放多种形式的奖励。推动集装箱运输发展。适当降低在川内注册的集装箱专用车辆、海关监管车、15吨以上货车、挂车等通过四川省进出口货物的车辆运管费率。对大型物流、货主企业进出四川港口的重箱进行燃油补贴，并享有优先调运、优先装箱、装卸及仓储费折扣等优惠。对治超中原两拖改一拖的集装箱车辆增加的费用给予特殊补贴。发展铁水联运。深化与成都及周边、昆明、攀枝花、六盘水等资源富集地区的合作，把泸昆、泸攀铁水联运班列入财政补贴，拓展铁水联运市场。增大投入。增加四川水运发展专项资金的规模，按照两港总体规划要求，重点建设和发展集装箱、重大件、大宗散货等具有综合服务能力的专业化码头和机械化程度高的货运泊位。免集装箱运输通行费。在落实川交发〔2010〕28号、川交发〔2010〕54号优惠政策的基础上，全部免除进出泸州港高速公路集装箱车辆通行费。

第五，加强与其他港口的合作。加强与重庆港、武汉港等"水水中转"业务，共同开辟新航线。加快与其他港口信息系统的对接，为港口和关联企业的生产作业、经营决策提供依据。加强战略合作，促进港口之间资源整合，实现优势互补。

2. 优化交通基础设施

省、市投入巨资实施"畅通工程"，达到人便于行、货畅其流。建设长江上游现代航运中心、西南物流枢纽地位，应着力优化交通基础设施，建设区港之间和区港内部的快速联通道，解决开展区港联动、区区联动所面临的交通拥堵和区港、区区之间连接通道单一的问题。

加快内昆铁路、隆黄铁路叙永—毕节段、渝昆铁路、内泸—成渝客专、宜西铁路、川南城市群城际铁路、宜攀高速、广渝泸高速、宜叙古习高速、叙威高速等路网建设，畅通物流通道，延伸港口服务的腹地范围。发展水、铁、公多式联运，实现公、铁路网与港口的无缝衔接。

3. 合理定位，分工协作

保税物流中心、临港产业园区及泸州港所形成的区港联动和区区联动，应本着产业差异化特点布局。产业布局应适宜各区的功能特点，合理定位，分工协作，形成产业链物流集聚，避免形成恶性竞争，为泸州保税物流提供一个良性竞合环境。

4. 细化政策和管理办法

区港联动、区区联动是保税物流中心和港口、临港产业园区原有功能整合、政策叠加的一种模式。海关、检验、外汇管理、国税等都要制定相应的管理办法，明确管理流程，提供配套管理操作细则，引入新的监管方式。将优惠政策落到实处，充分发挥政策优势；同时通过政策和管理创新，探索"前港后仓""前仓后店"运作模式，使区港试点的功能辐射到周边区域，实现政策功能利益最大化。

5. 各级政府、财政的重视和支持

建议加大财政资金支持力度，设立市、区县两级现代服务业发展引导资金，对包括物流企业在内的现代服务业进行支持。同时，对物流等现代服务业，可通过市、区县两级政府出资设立的担保资金为其提供贷款信用担保。

附录二　看国外如何建设沿江沿河经济带

很多国家把沿江沿河流域的经济开发作为经济发展战略重点，统筹安排各具特色，通过兴建水利工程充分挖掘沿江沿河流域巨大的能源蕴藏量，依托水源、土地以及其他自然资源打造具有一定规模、分工合理、互补互给的产业密集带，从而带动整个流域的经济发展。

英国：泰晤士旧港区何以换新颜

尽管泰晤士河是英国的第二大河流，但由于其对英国发展所作出的巨大贡献，当地人以"母亲河"相称。泰晤士河全长 346 公里，横贯英国首都伦敦与沿河的 10 多座城市，流域面积 1.3 万平方公里。独特的地理和水文条件，使这条河流在历史上成为欧洲的主要航道，虽然其并没有形成真正意义的内河经济带，但泰晤士河对英国经济所发挥的作用显而易见。不过，自 20 世纪以来，随着英国商业水运交通持续衰落，泰晤士河沿河经济不得不启动重大转型。截至目前，转型顺利进行，泰晤士河得以再现生机。

20 世纪 80 年代，伦敦沿泰晤士河地区绝大多数港口、码头被弃用，成千上万的港口工人失去工作，工业革命时期繁荣的码头经济彻底败落下来。严峻的经济和社会问题促使伦敦发展局痛下决心，试图为泰晤士河寻求新生命。

首先，伦敦发展局变换发展思路，把原本繁忙的泰晤士河改变成一条轻松优雅的河流。伦敦发展局重视对泰晤士河的旅游开发，由多家旅游公司经营内河旅游专线，将西敏寺、伦敦塔桥、格林尼治天文台等著名景点通过游航连接起来，使之成为伦敦最著名的旅游线路之一，从而极大地带动了泰晤士河旅游经济的发展，许多原本失业的港口工人又重新找到了工作。更为可喜的是，在伦敦市内的泰晤士河上吞云吐雾的大货船早已不见踪影，取而代之的是五彩缤纷的游轮，泰晤士河比以往更清澈，更漂亮。

其次，借助资金和外力，实施港口重建工作。30 多年来，英国政府持续通过投资或引资推动旧港区的重建。2012 年伦敦奥运会之所以选择在东伦敦举办，其动机之一就是要为伦敦东部旧港区经济发展注入动力。

值得英国人欣慰的是，伦敦旧港区重建工作取得成效，其中金丝雀码头的重建令人观止。在该旧港口上建设起来的伦敦第二金融中心，足可以与伦敦金融城匹敌。第一加拿大广场、汇丰银行塔和花旗集团中心等英国知名建筑群耸立于此，汇丰银行、花旗银行、巴克莱银行、路透社等世界超级银行和媒体也相继迁移到这里落户。

与此同时，伦敦市政府也大力发展旧港的基础设施建设。由旧码头改建的伦敦城市机场成为伦敦五大国际机场之一。贯穿金丝雀码头和老城区的无人驾驶轻轨列车已经开通，每天从凌晨运营到午夜时分。2012 年伦敦奥运会前，横跨伦敦泰晤士河、连接南北两岸的"O2 体育馆"和"EXCEL 会展中心"的空中缆车开通，全程耗时仅 5 分钟。缆车系统每天对外开放，每小时可以双向运载 2500 名乘客。基础设施建设不仅给旧港区居民提供了交通便利，而且还为旧港区经济发展提供了极大的助力。近年来伦敦东区受到外国投资者热捧，该地区基础设施的逐步完善也算是其中缘由。

德国：莱茵河均衡发展

对于交通和贸易而言，河流从古至今都是重要的生活和商业动脉。在欧洲，没有任何一条河流能像莱茵河那样具有巨大的经济意义。从荷兰鹿特丹到德国鲁尔区再到瑞士巴塞尔，一座座经济重镇宛如一颗颗珍珠，在莱茵河经济带上熠熠生辉。

莱茵河发源于欧洲南部的阿尔卑斯山，全长 1233 公里，是目前世界上航运量最大的内陆运河。莱茵河主要流经德国，在德境内长度达 865 公里。德国60％以上的工业都集中在莱茵—鲁尔、莱茵—美因、莱茵—内卡等流域经济带上，并打造出多个沿河都市圈。

18 世纪中叶，莱茵河已经是欧洲航海工业的重要基地。随后由于航运和煤炭资源的开发，莱茵河沿岸成为重要的传统工业基地。但到 20 世纪 50 年代中期，传统工业逐渐失去竞争优势，环境污染问题也日趋严重，引发了民众的强烈不满。为综合治理沿岸环境，重振莱茵河流域经济，20 世纪 70 年代由德国政府主导，对该区域经济进行重新规划和结构调整，一方面大力治理污染，另一方面推动沿岸产业从重工业向轻工业和新兴产业转型升级，最终使莱茵河重现清洁和富庶，从而完成了全球最具现代化的流域经济的转型。昔日"雾霾笼罩""不见天日"的德国鲁尔区，经过发展循环经济，推动产业结构调整，如今基本实现了零排放。

目前莱茵河流域经济区已经形成"点、线、面"的布局。所谓"点"，是指沿河港口城市；所谓"线"，是指内河网、公路、铁路等运输线；所谓"面"，是指"点"和"线"结合构成的经济带和经济区。例如，德国的莱茵—鲁尔都市圈是因工矿业发展而形成的多中心城市集聚区。在长116公里、宽67公里范围内聚集了波恩、科隆、杜塞尔多夫、埃森等20多个城市，其中50万至100万人的大城市有5个。这一区域人口达1100万，规模可与伦敦和巴黎都市圈相媲美。莱茵—鲁尔地区是欧洲第三大经济区。据统计，30家德国DAX上市企业中的10家以及近40％的德国康采恩都将其总部设立于此。

尽管城市众多，德国莱茵河流域城市圈的一大特点是多中心均衡发展。具体来说，莱茵河流域中心城市规模差别不大，特大型城市极少。整个德国超百万人口的城市也就只有柏林、汉堡、慕尼黑、科隆。这一城市圈发展模式的优点在于各中心城市致力于发展具有自身特色的功能，而不是一味地求大求全。市场经济加上发达的交通运输体系，导致生产要素高度流动化和市场信息高度透明化，地区封闭和市场保护难以形成。于是，各城市之间善于也愿意借助和利用其他周边城市的功能来补自身的不足。因此，城市和经济区之间的合作多于相互竞争，产业和城镇体系相对均衡，这也是德国莱茵河流域经济区与法国和英国以大巴黎和大伦敦为特大中心城市的非均衡发展的最大不同之处。

奥地利：多瑙河协调发展

多瑙河是欧洲第二大河，是欧洲极为重要的国际河道，全长2857公里，流域面积81.7万平方公里。多瑙河发源于德国黑森林地区，流经德国、奥地利、斯洛伐克、匈牙利、克罗地亚、塞尔维亚、罗马尼亚、保加利亚、摩尔多瓦和乌克兰等10个中欧及东欧国家，是世界上流经国家最多的河流，最后从多瑙河三角洲注入黑海。多瑙河流域范围还包括波兰、瑞士、意大利、捷克、斯洛文尼亚、波斯尼亚和黑塞哥维那、黑山、马其顿共和国、阿尔巴尼亚等9个国家，有大小300多条支流。

欧盟及多瑙河流域成员国早在20世纪90年代就开始考虑如何发挥多瑙河流域国家的优势，实现流域内的共同发展。多瑙河流域国家于1994年签订

《多瑙河保护公约》，多瑙河保护国际委员会（ICPDR）于 1998 年开始运作，为欧洲最大的国际组织，致力于多瑙河水资源管理及永续发展。多瑙河战略则作为欧盟在多瑙河流域跨区域开发方面实施的一项全面综合性战略，旨在统一流域国家在水资源及环境保护、交通及经济发展等方面共同进步。

多瑙河流域人口达到了 1 亿人，目前参与多瑙河战略的国家达到 14 个，其中 8 个为欧盟国家。在这 8 个欧盟国家中，有 6 个是新入盟国家。与此同时，多瑙河战略成员国当中还有 6 个被认为是潜在的可能加入欧盟的国家。因此，欧盟将多瑙河战略作为推动欧盟东扩，连接欧盟与东南欧地区的重要战略。此后，成立了多瑙河战略委员会，负责协调相关政策。在制定该战略时，各成员国和相关各方确定了多瑙河战略的四大政策支柱，包括加强多瑙河流域国家的联系，共同开展多瑙河流域环境保护，促进多瑙河流域共同繁荣，强化多瑙河流域国家的影响力。

在此政策的指引下，多瑙河战略以欧盟区域发展政策为依托，重点关注流域国家在基础设施建设、环境保护、旅游产业、航运等方面的共同优势和利益，利用欧盟区域发展资金的支持谋求共同协调发展。

目前，多瑙河战略已经取得了一定的实质性进展，流域各国目前正在为进一步落实具体的政策措施努力。例如在洪水防治方面成立流域国家共同协调的应急反应机制，在经济方面举办多瑙河流域国家企业论坛并共同建立多瑙河研究与创新基金等。近年来，多瑙河流域国家还就共同打击犯罪、跨地区警务合作等问题达成了共识，并致力于在未来将合作尽快推进至实践阶段。

总体来讲，多瑙河战略仍处在起步阶段，这一综合性地区战略仍需要不断地修正和实践。但可以肯定的是，多瑙河战略与欧盟早前的波罗的海发展战略一样，将流域合作与协同发展作为区域跨国协调战略的基本方向。利用流域优势，紧抓共同利益则成为多瑙河流域国家共同协调发展的重要基础。

法国：河流增强城市功能

法国境内大大小小的河流，林林总总有上千条。其中，卢瓦尔河、罗纳河、加龙河、莱茵河与塞纳河并称为法国五大河流。在这五条河流中，塞纳河最负盛名，罗纳河物产最为丰饶，卢瓦尔河则以其流域之广阔冠绝其首。

塞纳河发源于法国北部的朗格尔高地，向西北延伸，在勒阿弗尔港附近注入英吉利海峡，全长 776 公里。塞纳河流经法国最为繁华的城市——首都巴黎，因此其名气是法国河流中最大的，俨然成为法国的象征和代名词。

法国的五大河流经之处，无一不是法国重要的经济区，塞纳河也不例外。塞纳河地处香槟和勃艮第两地交界处，土质不太适宜种植葡萄、小麦和粮食作物，因此人们利用山坡空地种植蔬菜、瓜果。这里到处可以看到片片森林，被修理得整整齐齐。森林一般归集体所有，有 5 至 10 家不等的林场主联合为经营小组，按政府或市政府统一规定，每块森林生长 25 年采伐一次，分区划片砍伐。

塞纳河流过巴黎后，进入上诺曼底地区。河谷逐渐变得宽广，马恩河在巴黎以东注入塞纳河，使水流量更加丰富。沿着 A13 高速公路顺塞纳河而下，就会发现河岸两侧山坡更加开阔平缓。由于气候湿润，土质肥沃，牧草丰沛，塞纳河是法国重要的畜牧业基地之一。

航运方面，塞纳河自古就是法国水上交通运输要道。从巴黎开始，特别是从上诺曼底塞纳河上的鲁昂港开始，可以看到塞纳河上船来船往，一片繁忙的运输景象。塞纳河的终点——勒阿弗尔港更是法国本土仅次于马赛的第二大港。

罗纳河发源于阿尔卑斯南部的罗纳冰川，在法国和瑞士交界的日内瓦湖流出后进入法国，经法国东南部地区注入地中海。罗纳河流经的最重要城市是里昂。法国人习惯将巴黎以外的地方称作外省，而里昂被称为外省的"首都"，可见其城市地位之重。罗纳河盆地是瑞士和法国的巨大经济区域之一。罗纳河流域的农业，大多位于低洼地区、平原和岛屿上。法国在罗纳河的支流伊泽尔河和迪朗斯河的上游，兴建了很多灌溉设施，使饲料作物和饲养牲畜与葡萄园、果园和蔬菜种植并存发展。

航运方面，罗纳河一直是沟通法国南北部之间的运输通衢；瓦莱的罗纳河河谷在瑞士也一直起着类似的作用，随着在高山障碍之下修筑许多铁路和公路隧道后，河谷作为运输路线的作用尤为明显。

卢瓦尔河发源于法国西部边陲的塞文山脉，向西流入大西洋，是法国第一大河，全长约 1020 公里，是法国境内最长的河流。河流两岸有许多精致的小山丘，古老的城堡掩映在绿树丛中。卢瓦尔河谷地区是法国最为重要的葡萄酒产地。因此，以古堡和葡萄园为主题的观光旅游项目成为卢瓦尔河沿岸最具代表性的经济业态。

除此之外，法国人还将卢瓦尔河称为法国最后一条"野生河"。这是因为在一些大型水坝和防灾设施大行其道的当下，卢瓦尔河是极少数的几条没有被人工拦截的河流。法国政府将整条卢瓦尔河列为欧洲重点生态保护网，并在河上设立专门的岛屿，用以保护往返迁徙于卢瓦尔地区和热带非洲之间的燕鸥等鸟类。

附录三　国务院关于依托黄金水道推动长江经济带发展的指导意见

国发〔2014〕39号

各省、自治区、直辖市人民政府，国务院各部委、各直属机构：

长江是货运量位居全球内河第一的黄金水道，长江通道是我国国土空间开发最重要的东西轴线，在区域发展总体格局中具有重要战略地位。依托黄金水道推动长江经济带发展，打造中国经济新支撑带，是党中央、国务院审时度势，谋划中国经济新棋局作出的既利当前又惠长远的重大战略决策。为进一步开发长江黄金水道，加快推动长江经济带发展，现提出以下意见。

一、重大意义和总体要求

长江经济带覆盖上海、江苏、浙江、安徽、江西、湖北、湖南、重庆、四川、云南、贵州等11省市，面积约205万平方公里，人口和生产总值均超过全国的40％。长江经济带横跨我国东中西三大区域，具有独特优势和巨大发展潜力。改革开放以来，长江经济带已发展成为我国综合实力最强、战略支撑作用最大的区域之一。在国际环境发生深刻变化、国内发展面临诸多矛盾的背景下，依托黄金水道推动长江经济带发展，有利于挖掘中上游广阔腹地蕴含的巨大内需潜力，促进经济增长空间从沿海向沿江内陆拓展；有利于优化沿江产业结构和城镇化布局，推动我国经济提质增效升级；有利于形成上中下游优势互补、协作互动格局，缩小东中西部地区发展差距；有利于建设陆海双向对外开放新走廊，培育国际经济合作竞争新优势；有利于保护长江生态环境，引领全国生态文明建设，对于全面建成小康社会，实现中华民族伟大复兴的中国梦具有重要现实意义和深远战略意义。

（一）指导思想。以邓小平理论、"三个代表"重要思想、科学发展观为指导，深入贯彻党的十八大和十八届二中、三中全会精神，认真落实党中央和国务院的决策部署，充分发挥市场配置资源的决定性作用，更好发挥政府规划和政策的引导作用，以改革激发活力、以创新增强动力、以开放提升竞争力，依托长江黄金水道，高起点高水平建设综合交通运输体系，推动上中下游地区协调发展、沿海沿江沿边全面开放，构建横贯东西、辐射南北、通江达海、经济高效、生态良好的长江经济带。

（二）基本原则。改革引领、创新驱动。坚持制度创新、科技创新，推动重点领域改革先行先试。健全技术创新市场导向机制，增强市场主体创新能力，促进创新资源综合集成，建设统一开放、竞争有序的现代市场体系。

通道支撑、融合发展。以沿江综合运输大通道为支撑，促进上中下游要素合理流动、产业分工协作。着力推进信息化和工业化深度融合，积极引导沿江城镇布局与产业发展有机融合，持续增强区域现代农业、特色农业优势。

海陆统筹、双向开放。深化向东开放，加快向西开放，统筹沿海内陆开放，扩大沿边开放。更好推动"引进来"和"走出去"相结合，更好利用国际国内两个市场、两种资源，构建开放型经济新体制，形成全方位开放新格局。

江湖和谐、生态文明。建立健全最严格的生态环境保护和水资源管理制度，加强长江全流域生态环境监管和综合治理，尊重自然规律及河流演变规律，协调好江河湖泊、上中下游、干流支流关系，保护和改善流域生态服务功能，推动流域绿色循环低碳发展。

（三）战略定位。具有全球影响力的内河经济带。发挥长江黄金水道的独特作用，构建现代化综合交通运输体系，推动沿江产业结构优化升级，打造世界级产业集群，培育具有国际竞争力的城市群，使长江经济带成为充分体现国家综合经济实力、积极参与国际竞争与合作的内河经济带。

东中西互动合作的协调发展带。立足长江上中下游地区的比较优势，统筹人口分布、经济布局与资源环境承载能力，发挥长江三角洲地区的辐射引领作用，促进中上游地区有序承接产业转移，提高要素配置效率，激发内生发展活力，使长江经济带成为推动我国区域协调发展的示范带。

沿海沿江沿边全面推进的对内对外开放带。用好海陆双向开放的区位资源，创新开放模式，促进优势互补，培育内陆开放高地，加快同周边国家和地区基础设施互联互通，加强与丝绸之路经济带、海上丝绸之路的衔接互动，使长江经济带成为横贯东中西、连接南北方的开放合作走廊。

生态文明建设的先行示范带。统筹江河湖泊丰富多样的生态要素，推进长江经济带生态文明建设，构建以长江干支流为经脉、以山水林田湖为有机整体，江湖关系和谐、流域水质优良、生态流量充足、水土保持有效、生物种类多样的生态安全格局，使长江经济带成为水清地绿天蓝的生态廊道。

二、提升长江黄金水道功能

充分发挥长江运能大、成本低、能耗少等优势，加快推进长江干线航道系统治理，整治浚深下游航道，有效缓解中上游瓶颈，改善支流通航条件，优化港口功能布局，加强集疏运体系建设，发展江海联运和干支直达运输，打造畅通、高效、平安、绿色的黄金水道。

（四）增强干线航运能力。加快实施重大航道整治工程，下游重点实施12.5米深水航道延伸至南京工程；中游重点实施荆江河段航道整治工程，加强航道工程模型试验研究；上游重点研究实施重庆至宜宾段航道整治工程。加快推进内河船型标准化，研究推广三峡船型和江海直达船型，鼓励发展节能环保船舶。

（五）改善支流通航条件。积极推进航道整治和梯级渠化，提高支流航道等级，形成与长江干线有机衔接的支线网络。加快信江、赣江、江汉运河、汉江、沅水、湘江、乌江、岷江等高等级航道建设，研究论证合裕线、嘉陵江高等级航道建设和金沙江攀枝花至水富段航运资源开发。抓紧实施京杭运河航道建设和船闸扩能工程，系统建设长江三角洲地区高等级航道网络，统筹推进其他支流航道建设。

（六）优化港口功能布局。促进港口合理布局，加强分工合作，推进专业化、规模化和现代化建设，大力发展现代航运服务业。加快上海国际航运中心、武汉长江中游航运中心、重庆长江上游航运中心和南京区域性航运物流中心建设。提升上海港、宁波—舟山港、江苏沿江港口功能，加快芜湖、马鞍山、安庆、九江、黄石、荆州、宜昌、岳阳、泸州、宜宾等港口建设，完善集装箱、大宗散货、汽车滚装及江海中转运输系统。

（七）加强集疏运体系建设。以航运中心和主要港口为重点，加快铁路、高等级公路与重要港区的连接线建设，强化集疏运服务功能，提升货物中转能力和效率，有效解决"最后一公里"问题。推进港口与沿江开发区、物流园区的通道建设，拓展港口运输服务的辐射范围。

（八）扩大三峡枢纽通过能力。挖掘三峡及葛洲坝既有船闸潜力，完善公路翻坝转运系统，推进铁路联运系统建设，建设三峡枢纽货运分流的油气管道，积极实施货源地分流。加快三峡枢纽水运新通道和葛洲坝枢纽水运配套工

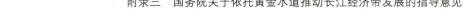

程前期研究工作。

（九）健全智能服务和安全保障系统。完善长江航运等智能化信息系统，推进多种运输方式综合服务信息平台建设，实现运输信息系统互联互通。加强多部门信息共享，建设长江干线全方位覆盖、全天候运行、具备快速反应能力的水上安全监管和应急救助体系。

（十）合理布局过江通道。统筹规划建设过江通道，加强隧道桥梁方案比选论证工作，充分利用江上和水下空间，推进铁路、公路、城市交通合并过江；优化整合渡口渡线，加强渡运安全管理，促进过江通道与长江航运、防洪安全和生态环境的协调发展。

三、建设综合立体交通走廊

依托长江黄金水道，统筹铁路、公路、航空、管道建设，加强各种运输方式的衔接和综合交通枢纽建设，加快多式联运发展，建成安全便捷、绿色低碳的综合立体交通走廊，增强对长江经济带发展的战略支撑力。

（十一）形成快速大能力铁路通道。建设上海经南京、合肥、武汉、重庆至成都的沿江高速铁路和上海经杭州、南昌、长沙、贵阳至昆明的沪昆高速铁路，连通南北高速铁路和快速铁路，形成覆盖 50 万人口以上城市的快速铁路网。改扩建沿江大能力普通铁路，规划建设衢州至丽江铁路，提升沪昆铁路既有运能，形成覆盖 20 万人口以上城市客货共线的普通铁路网。

（十二）建设高等级广覆盖公路网。以上海至成都、上海至重庆、上海至昆明、杭州至瑞丽等国家高速公路为重点，建成连通重点区域、中心城市、主要港口和重要边境口岸的高速公路网络。提高国省干线公路技术等级和安全服务水平，普通国道二级及以上公路比重达到 80％以上。加快县乡连通路、资源开发路、旅游景区路、山区扶贫路建设，实现具备条件的乡镇、建制村通沥青（水泥）路。

（十三）推进航空网络建设。加快上海国际航空枢纽建设，强化重庆、成都、昆明、贵阳、长沙、武汉、南京、杭州等机场的区域枢纽功能，发挥南昌、合肥、宁波、无锡等干线机场作用，推进支线机场建设，形成长江上、中、下游机场群。完善航线网络，提高主要城市间航班密度，增加国际运输航线。深化空域管理改革，大力发展通用航空。依托空港资源，发展临空经济。

（十四）完善油气管道布局。统筹油气运输通道和储备系统建设，合理布局沿江管网设施。加强长江三角洲向内陆地区、沿江地区向腹地辐射的原油和成品油输送管道建设，完善区域性油气管网，加快互联互通，形成以沿江干线管道为主轴，连接沿江城市群的油气供应保障体系。

（十五）建设综合交通枢纽。按照"零距离换乘、无缝化衔接"要求，加强水运、铁路、公路、航空和管道的有机衔接，建设和完善能力匹配的集疏运系统。加快建设上海、南京、连云港、徐州、合肥、杭州、宁波、武汉、长沙、南昌、重庆、成都、昆明、贵阳等14个全国性综合交通枢纽，有序发展区域性综合交通枢纽，提高综合交通运输体系的运行效率，增强对产业布局的引导和城镇发展的支撑作用。

（十六）加快发展多式联运。抓紧制定标准规范，培育多式联运经营人，鼓励发展铁水、公水、空铁等多式联运，提高集装箱和大宗散货铁水联运比重。加快智能物流网络建设，增强沿江物流园区综合服务功能，培育壮大现代物流企业，形成若干区域性物流中心，提高物流效率，降低物流成本。

四、创新驱动促进产业转型升级

顺应全球新一轮科技革命和产业变革趋势，推动沿江产业由要素驱动向创新驱动转变，大力发展战略性新兴产业，加快改造提升传统产业，大幅提高服务业比重，引导产业合理布局和有序转移，培育形成具有国际水平的产业集群，增强长江经济带产业竞争力。

（十七）增强自主创新能力。强化企业的技术创新主体地位，引导创新资源向企业集聚，培育若干领军企业。设立新兴产业创业投资基金，激发中小企业创新活力。深化产学研合作，鼓励发展产业技术创新战略联盟。在统筹考虑现状和优化整合科技资源的前提下，布局一批国家工程中心（实验室）和企业技术中心。运用市场化机制探索建立新型科研机构，推动设立知识产权法院。深化科技成果使用、处置和收益权改革。发挥上海张江、武汉东湖自主创新示范区和合芜蚌（合肥、芜湖、蚌埠）自主创新综合试验区的引领示范作用，推进长株潭自主创新示范区建设，推进攀西战略资源创新开发。研究制定长江经济带创新驱动产业转型升级方案。

（十八）推进信息化与产业融合发展。支持沿江地区加快新一代信息基础设施建设，完善上海、南京、武汉、重庆、成都等骨干节点，进一步加强网间互联互通，增加中上游地区光缆路由密度。大力推进有线和无线宽带接入网建设，扩大 4G（第四代移动通信）网络覆盖范围。推进沿江下一代互联网示范城市建设，优化布局数据中心，继续完善上海、云南面向国际的陆海缆建设。充分利用互联网、物联网、大数据、云计算、人工智能等新一代信息技术改造提升传统产业，培育形成新兴产业，推动生产组织、企业管理、商业运营模式创新。推动沿江国家电子商务示范城市建设，加快农业、制造业和服务业的电子商务应用。

（十九）培育世界级产业集群。以沿江国家级、省级开发区为载体，以大型企业为骨干，打造电子信息、高端装备、汽车、家电、纺织服装等世界级制造业集群，建设具有国际先进水平的长江口造船基地和长江中游轨道交通装备、工程机械制造基地，突破核心关键技术，培育知名自主品牌。在沿江布局一批战略性新兴产业集聚区、国家高技术产业基地和国家新型工业化产业示范基地。推动石化、钢铁、有色金属等产业转型升级，促进沿江炼化一体化和园区化发展，提升油品质量，加快钢铁、有色金属产品结构调整，淘汰落后产能。

（二十）加快发展现代服务业。改革服务业发展体制，创新发展模式和业态，扩大服务业对内对外开放，放宽外资准入限制。围绕服务实体经济，优先发展金融保险、节能环保、现代物流、航运服务等生产性服务业；围绕满足居民需求，加快发展旅游休闲、健康养老、家庭服务、文化教育等生活性服务业。依托国家高技术服务业基地，发展信息技术、电子商务、研发设计、知识产权、检验检测、认证认可等服务产业。积极推动区域中心城市逐步形成以服务业为主的产业结构。充分发挥长江沿线各地独具特色的历史文化、自然山水和民俗风情等优势，打造旅游城市、精品线路、旅游景区、旅游度假休闲区和生态旅游目的地，大力发展特色旅游业，把长江沿线培育成为国际黄金旅游带。

（二十一）打造沿江绿色能源产业带。积极开发利用水电，在做好环境保护和移民安置的前提下，以金沙江、雅砻江、大渡河、澜沧江等为重点，加快水电基地和送出通道建设，扩大向下游地区送电规模。加快内蒙古西部至华中煤运通道建设，在中游地区适度规划布局大型高效清洁燃煤电站，增加电力、天然气等输入能力。研究制定新城镇新能源新生活行动计划，大力发展分布式能源、智能电网、绿色建筑和新能源汽车，推进能源生产和消费方式变革。立足资源优势，创新体制机制，推进页岩气勘查开发，通过竞争等方式出让页岩气探矿权，建设四川长宁—威远、滇黔北、重庆涪陵等国家级页岩气综合开发示范区。稳步推进沿海液化天然气接收站建设，统筹利用国内外天然气，提高居民用气水平。

（二十二）提升现代农业和特色农业发展水平。保护和利用好长江流域宝贵农业资源，推进农产品主产区特别是农业优势产业带和特色产业带建设，建设一批高水平现代农业示范区，推进国家有机食品生产基地建设，着力打造现代农业发展先行区。上游地区立足山多草多林多地少的资源条件，在稳定优势农产品生产的基础上，大力发展以草食畜牧业为代表的特色生态农业和以自然生态区、少数民族地区为代表的休闲农业与乡村旅游。中游地区立足农业生产条件较好、耕地资源丰富的基础，强化粮食、水产品等重要农产品供给保障能力，提高农业机械化水平，积极发展现代种业，打造粮食生产核心区和主要农产品优势区。下游地区立足人均耕地资源少、资本技术人才资源优势，在稳定粮食生产的同时，大力发展高效精品农业和都市农业，加快推进标准化生产和集约化品牌化经营。

（二十三）引导产业有序转移和分工协作。按照区域资源禀赋条件、生态环境容量和主体功能定位，促进产业布局调整和集聚发展。在着力推动下游地区产业转型升级的同时，依托中上游地区广阔腹地，增强基础设施和产业配套能力，引导具有成本优势的资源加工型、劳动密集型产业和具有市场需求的资本、技术密集型产业向中上游地区转移。支持和鼓励开展产业园区战略合作，建立产业转移跨区域合作机制，以中上游地区国家级、省级开发区为载体，建设承接产业转移示范区和加工贸易梯度转移承接地，推动产业协同合作、联动发展。借鉴负面清单管理模式，加强对产业转移的引导，促进中上游特别是三峡库区产业布局与区域资源生态环境相协调，防止出现污染转移和环境风险聚集，避免低水平重复建设。

五、全面推进新型城镇化

按照沿江集聚、组团发展、互动协作、因地制宜的思路，推进以人为核心的新型城镇化，优化城镇化布局和形态，增强城市可持续发展能力，创新城镇化发展体制机制，全面提高长江经济带城镇化质量。

（二十四）优化沿江城镇化格局。以沿江综合运输大通道为轴线，以长江三角洲、长江中游和成渝三大跨区域城市群为主体，以黔中和滇中两大区域性城市群为补充，以沿江大中小城市和小城镇为依托，促进城市群之间、城市群内部的分工协作，强化基础设施建设和联通，优化空间布局，推动产城融合，

引导人口集聚，形成集约高效、绿色低碳的新型城镇化发展格局。

（二十五）提升长江三角洲城市群国际竞争力。促进长江三角洲一体化发展，打造具有国际竞争力的世界级城市群。充分发挥上海国际大都市的龙头作用，加快国际金融、航运、贸易中心建设。提升南京、杭州、合肥都市区的国际化水平。推进苏南现代化建设示范区、浙江舟山群岛新区、浙江海洋经济发展示范区、皖江承接产业转移示范区、皖南国际文化旅游示范区建设和通州湾江海联动开发。优化提升沪宁合（上海、南京、合肥）、沪杭（上海、杭州）主轴带功能，培育壮大沿江、沿海、杭湖宁（杭州、湖州、南京）、杭绍甬舟（杭州、绍兴、宁波、舟山）等发展轴带。合理划定中心城市边界，保护城郊农业用地和绿色开敞空间，控制特大城市过度蔓延扩张。

（二十六）培育发展长江中游城市群。增强武汉、长沙、南昌中心城市功能，促进三大城市组团之间的资源优势互补、产业分工协作、城市互动合作，把长江中游城市群建设成为引领中部地区崛起的核心增长极和资源节约型、环境友好型社会示范区。优化提升武汉城市圈辐射带动功能，开展武汉市国家创新型城市试点，建设中部地区现代服务业中心。加快推进环长株潭城市群建设，提升湘江新区和湘北湘南中心城市发展水平。培育壮大环鄱阳湖城市群，促进南昌、九江一体化和赣西城镇带发展。建设鄱阳湖、洞庭湖生态经济区。

（二十七）促进成渝城市群一体化发展。提升重庆、成都中心城市功能和国际化水平，发挥双引擎带动和支撑作用，推进资源整合与一体发展，把成渝城市群打造成为现代产业基地、西部地区重要经济中心和长江上游开放高地，建设深化内陆开放的试验区和统筹城乡发展的示范区。重点建设成渝主轴带和沿长江、成绵乐（成都、绵阳、乐山）等次轴带，加快重庆两江新区开发开放，推动成都天府新区创新发展。

（二十八）推动黔中和滇中区域性城市群发展。增强贵阳产业配套和要素集聚能力，重点建设遵义—贵阳—安顺主轴带，推动贵安新区成为内陆开放型经济示范区，重要的能源资源深加工、特色轻工业和民族文化旅游基地，推进大数据应用服务基地建设，打造西部地区新的经济增长极和生态文明建设先行区。提升昆明面向东南亚、南亚开放的中心城市功能，重点建设曲靖—昆明—楚雄、玉溪—昆明—武定发展轴，推动滇中产业集聚区发展，建设特色资源深加工基地和文化旅游基地，打造面向西南开放重要桥头堡的核心区和高原生态宜居城市群。

（二十九）科学引导沿江城市发展。依托近山傍水的自然生态环境，合理确定城市功能布局和空间形态，促进城市建设与山脉水系相互融合，建设富有江城特色的宜居城市。加强城区河湖水域岸线管理。集聚科技创新要素，节约集约利用资源，提升信息化水平。延续城市历史文脉，推进创新城市、绿色城市、智慧城市、人文城市建设。加强公共交通、防洪排涝等基础设施建设，提高教育、医疗等公共服务水平，提高承载能力。

（三十）强化城市群交通网络建设。充分利用区域运输通道资源，重点加快城际铁路建设，形成与新型城镇化布局相匹配的城际交通网络。长江三角洲城市群要建设以上海为中心，南京、杭州、合肥为副中心，"多三角、放射状"的城际交通网络；长江中游城市群要建设以武汉、长沙、南昌为中心的"三角形、放射状"城际交通网络；成渝城市群要建设以重庆、成都为中心的"一主轴、放射状"城际交通网络，实现城市群内中心城市之间、中心城市与节点城市之间1~2小时通达。建设黔中、滇中城际交通网络，实现省会城市与周边节点城市之间1~2小时通达。

（三十一）创新城镇化发展体制机制。根据上中下游城镇综合承载能力和发展潜力，实施差别化落户政策。下游地区要增强对农业转移人口的吸纳能力，有序推进外来人口市民化；中上游地区要增强产业集聚能力，更多吸纳农业转移人口。建立健全与居住年限等条件相挂钩的基本公共服务提供机制。探索实行城镇建设用地增加规模与农村建设用地减少挂钩、与吸纳农业转移人口落户数量挂钩政策。稳步推进农村宅基地制度改革。开展新型城镇化试点示范，探索建立农业转移人口市民化成本分担机制，构建多元化、可持续的城镇化投融资机制，建立有利于创新行政管理、降低行政成本的设市设区模式。选择具备条件的开发区进行城市功能区转型试点，引导产业和城市同步融合发展。

六、培育全方位对外开放新优势

发挥长江三角洲地区对外开放引领作用，建设向西开放的国际大通道，加强与东南亚、南亚、中亚等国家的经济合作，构建高水平对外开放平台，形成与国际投资、贸易通行规则相衔接的制度体系，全面提升长江经济带开放型经济水平。

（三十二）发挥上海对沿江开放的引领带动作用。加快建设中国（上海）自由贸易试验区，大力推进投资、贸易、金融、综合监管等领域制度创新，完善负面清单管理模式，打造国际化、法治化的营商环境，建立与国际投资、贸易通行规则相衔接的基本制度框架，形成可复制、可推广的成功经验。通过先行先试、经验推广和开放合作，充分发挥上海对外开放的辐射效应、枢纽功能和示范引领作用，带动长江经济带更高水平开放，增强国际竞争力。

（三十三）增强云南面向西南开放重要桥头堡功能。提升云南向东南亚、南亚开放的通道功能和门户作用。推进孟中印缅、中老泰等国际运输通道建设，实现基础设施互联互通。推动孟中印缅经济走廊合作，深化参与中国—东盟湄公河流域开发、大湄公河次区域经济合作，率先在口岸、边境城市、边境经济合作区和重点开发开放试验区实施人员往来、加工物流、旅游等方面的特殊政策。将云南建设成为面向西南周边国家开放的试验区和西部省份"走出去"的先行区，提升中上游地区向东南亚、南亚开放水平。

（三十四）加强与丝绸之路经济带的战略互动。发挥重庆长江经济带西部中心枢纽作用，增强对丝绸之路经济带的战略支撑。发挥成都战略支点作用，把四川培育成为连接丝绸之路经济带的重要纽带。构建多层次对外交通运输通道，加强各种运输方式的有效衔接，形成区域物流集聚效应，打造现代化综合交通枢纽。优化整合向西国际物流资源，提高连云港陆桥通道桥头堡水平，提升"渝新欧""蓉新欧""义新欧"等中欧班列国际运输功能，建立中欧铁路通道协调机制，增强对中亚、欧洲等地区进出口货物的吸引能力，着力解决双向运输不平衡问题。加强与沿线国家海关的合作，提高贸易便利化水平。提升江苏、浙江对海上丝绸之路的支撑能力。加快武汉、长沙、南昌、合肥、贵阳等中心城市内陆经济开放高地建设。推进中上游地区与俄罗斯伏尔加河沿岸联邦区合作。

（三十五）推动对外开放口岸和特殊区域建设。增强沿江沿边开放口岸和特殊区域功能，打造高水平对外开放平台。在中上游地区适当增设口岸及后续监管场所，在有条件的地方增设铁路、内河港口一类开放口岸，推动口岸信息系统互联共享。条件成熟时，在基本不突破原规划面积的前提下，逐步将沿江各类海关特殊监管区域整合为综合保税区，探索使用社会运输工具进行转关作业。在符合全国总量控制目标的前提下，支持具备条件的边境地区按程序申请设立综合保税区，支持符合条件的边境地区设立边境经济合作区和边境旅游合作区，研究完善人员免签、旅游签证等政策。推动境外经济贸易合作区和农业合作区发展，鼓励金融机构在境外开设分支机构并提供融资支持。

（三十六）构建长江大通关体制。加强内陆海关与沿海沿边口岸海关的协作配合，加强口岸与内陆检验检疫机构的合作，全面推进"一次申报、一次查验、一次放行"模式，实现长江经济带海关区域通关一体化和检验检疫一体化。在有效防控风险前提下，适时扩大启运港退税的启运地、承运企业和运输工具等范围。推进口岸执法部门信息互换、监管互认和执法互助。

七、建设绿色生态廊道

顺应自然，保育生态，强化长江水资源保护和合理利用，加大重点生态功能区保护力度，加强流域生态系统修复和环境综合治理，稳步提高长江流域水质，显著改善长江生态环境。

（三十七）切实保护和利用好长江水资源。落实最严格水资源管理制度，明确长江水资源开发利用红线、用水效率红线。加强流域水资源统一调度，保障生活、生产和生态用水安全。严格相关规划和建设项目的水资源论证。加强饮用水水源地保护，优化沿江取水口和排污口布局，取缔饮用水水源保护区内的排污口，鼓励各地区建设饮用水应急水源。建设水源地环境风险防控工程，确保城乡饮用水安全。严厉打击河道非法采砂。优化水资源配置格局，加快推进云贵川渝等地区大中型骨干水源工程及配套工程建设。建设沿江、沿河、环湖水资源保护带、生态隔离带，增强水源涵养和水土保持能力。

（三十八）严格控制和治理长江水污染。明确水功能区限制纳污红线，完善水功能区监督管理制度，科学核定水域纳污容量，严格控制入河（湖）排污总量。大幅削减化学需氧量、氨氮排放量，加大总磷、总氮排放等污染物控制力度。加大沿江化工、造纸、印染、有色等排污行业环境隐患排查和集中治理力度，实行长江干支流沿线城镇污水垃圾全收集全处理，加强农业畜禽、水产养殖污染物排放控制及农村污水垃圾治理，强化水上危险品运输安全环保监管、船舶溢油风险防范和船舶污水排放控制。完善应急救援体系，提高应急处置能力。建立环境风险大、涉及有毒有害污染物排放的产业园区退出或转型机制。加强三峡库区、丹江口库区、洞庭湖、鄱阳湖、长江口及长江源头等水体的水质监测和综合治理，强化重点水域保护，确保流域水质稳步改善。

（三十九）妥善处理江河湖泊关系。综合考虑防洪、生态、供水、航运和发电等需求，进一步开展以三峡水库为核心的长江上游水库群联合调度研究与实践。加强长江与洞庭湖、鄱阳湖演变与治理研究，论证洞庭湖、鄱阳湖水系整治工程，进行蓄滞洪区的分类和调整研究。完善防洪保障体系，实施长江河道崩岸治理及河道综合整治工程，尽快完成长江流域山洪灾害防治项目，推进长江中下游蓄滞洪区建设及中小河流治理。

（四十）加强流域环境综合治理。完善污染物排放总量控制制度，加强二氧化硫、氮氧化物、$PM_{2.5}$（细颗粒物）等主要大气污染物综合防治，严格控制煤炭消费总量。加强挥发性有机物排放重点行业整治，扭转中下游地区、四川盆地等区域性雾霾、酸雨恶化态势，改善沿江城市空气质量。推进农村环境综合整治，降低农药和化肥使用强度，加大土壤污染防治力度，强化重点行业和重点区域重金属污染综合治理。大力推进工业园区污染集中治理和循环化改造，鼓励企业采用清洁生产技术。积极推进城镇污水处理设施和配套污水管网建设，提高现有污水处理设施处理效率。

（四十一）强化沿江生态保护和修复。坚定不移实施主体功能区制度，率先划定沿江生态保护红线，强化国土空间合理开发与保护，加大重点生态功能区建设和保护力度，构建中上游生态屏障。推进太湖、巢湖、滇池、草海等全流域湿地生态保护与修复工程，加强金沙江、乌江、嘉陵江、三峡库区、汉江、洞庭湖和鄱阳湖水系等重点区域水土流失治理和地质灾害防治，中上游重点实施山地丘陵地区坡耕地治理、退耕还林还草和岩溶地区石漠化治理，中下游重点实施生态清洁小流域综合治理及退田还草还湖还湿。加大沿江天然林草资源保护和长江防护林体系建设力度，加强沿江风景名胜资源保护和山地丘陵地区林草植被保护。加强长江物种及其栖息繁衍场所保护，强化自然保护区和水产种质资源保护区建设和管护。探索建立沿江国家公园。研究制定长江生态环境保护规划。

（四十二）促进长江岸线有序开发。建立健全长江岸线开发利用和保护协调机制，统筹规划长江岸线资源，严格分区管理和用途管制，合理安排沿江工业与港口岸线、过江通道岸线与取水口岸线，加大生态和生活岸线保护力度。严格河道管理范围内建设项目工程建设方案审查制度。统筹岸线与后方土地的使用和管理，提高岸线资源集约利用水平。依法建立岸线资源有偿使用制度。有效保护岸线原始风貌，利用沿江风景名胜和其他自然人文景观资源，为居民提供便捷舒适亲水空间。

八、创新区域协调发展体制机制

打破行政区划界限和壁垒，加强规划统筹和衔接，形成市场体系统一开放、基础设施共建共享、生态环境联防联治、流域管理统筹协调的区域协调发展新机制。

（四十三）建立区域互动合作机制。加强国家层面协调指导，统筹研究解决长江经济带发展中的重大问题，建立推动长江经济带发展部际联席会议制度。发挥水利部长江水利委员会、交通运输部长江航务管理局、农业部长江流域渔政监督管理办公室以及环境保护部华东、华南、西南环境保护督查中心等机构作用，协同推进长江防洪、航运、发电、生态环境保护等工作。建立健全地方政府之间协商合作机制，共同研究解决区域合作中的重大事项。充分调动社会力量，建立各类跨地区合作组织。

（四十四）推进一体化市场体系建设。进一步简政放权，清理阻碍要素合理流动的地方性政策法规，打破区域性市场壁垒，实施统一的市场准入制度和标准，推动劳动力、资本、技术等要素跨区域流动和优化配置。健全知识产权保护机制。推动社会信用体系建设，扩大信息资源开放共享，提高基础设施网络化、一体化服务水平。

（四十五）加大金融合作创新力度。适时推进符合条件的民间资本在中上游地区发起设立民营银行等中小金融机构。引导区域内符合条件的创新型、创业型、成长型中小企业到全国中小企业股份转让系统挂牌进行股权融资、债权融资、资产重组等。探索创新金融产品，鼓励开展融资租赁服务，支持长江船型标准化建设。鼓励大型港航企业以资本为纽带整合沿江港口和航运资源。鼓励政策性金融机构加大对沿江综合交通体系建设的支持力度。

（四十六）建立生态环境协同保护治理机制。完善长江环境污染联防联控机制和预警应急体系。鼓励和支持沿江省市共同设立长江水环境保护治理基金，加大对环境突出问题的联合治理力度。按照"谁受益谁补偿"的原则，探索上中下游开发地区、受益地区与生态保护地区试点横向生态补偿机制。依托重点生态功能区开展生态补偿示范区建设。推进水权、碳排放权、排污权交易，推行环境污染第三方治理。

（四十七）建立公共服务和社会治理协调机制。适应上中下游劳动力转移流动的趋势，加强跨区域职业教育合作和劳务对接，推进统一规范的劳动用工、资格认证和跨区域教育培训等就业服务制度。加大基本养老保险、基本医疗保险等社会保险关系转移接续政策的落实力度。应对长江事故灾难、环境污染、公共卫生等跨区域突发事件，构建协同联动的社会治理机制。建立区域协调配合的安全监管工作机制，加强跨区域重点工程项目的监管，有效预防和减少生产安全事故。完善集中连片特殊困难地区扶贫机制，加大政策支持力度。

附录四　物流业发展中长期规划（2014—2020 年）[①]

物流业是融合运输、仓储、货代、信息等产业的复合型服务业，是支撑国民经济发展的基础性、战略性产业。加快发展现代物流业，对于促进产业结构调整、转变发展方式、提高国民经济竞争力和建设生态文明具有重要意义。为促进物流业健康发展，根据党的十八大、十八届三中全会精神和《中华人民共和国国民经济和社会发展第十二个五年规划纲要》《服务业发展"十二五"规划》等，制定本规划。规划期为 2014—2020 年。

一、发展现状与面临的形势

（一）发展现状。

"十一五"特别是国务院印发《物流业调整和振兴规划》以来，我国物流业保持较快增长，服务能力显著提升，基础设施条件和政策环境明显改善，现代产业体系初步形成，物流业已成为国民经济的重要组成部分。

产业规模快速增长。全国社会物流总额 2013 年达到 197.8 万亿元，比 2005 年增长 3.1 倍，按可比价格计算，年均增长 11.5％。物流业增加值 2013 年达到 3.9 万亿元，比 2005 年增长 2.2 倍，年均增长 11.1％，物流业增加值占国内生产总值的比重由 2005 年的 6.6％提高到 2013 年的 6.8％，占服务业增加值的比重达到 14.8％。物流业吸纳就业人数快速增加，从业人员从 2005 年的 1780 万人增长到 2013 年的 2890 万人，年均增长 6.2％。

服务能力显著提升。物流企业资产重组和资源整合步伐进一步加快，形成了一批所有制多元化、服务网络化和管理现代化的物流企业。传统运输业、仓

---

① http://www.gov.cn/zhengce/content/2014-10/04/content_9120.htm。

储业加速向现代物流业转型，制造业物流、商贸物流、电子商务物流和国际物流等领域专业化、社会化服务能力显著增强，服务水平不断提升，现代物流服务体系初步建立。

技术装备条件明显改善。信息技术广泛应用，大多数物流企业建立了管理信息系统，物流信息平台建设快速推进。物联网、云计算等现代信息技术开始应用，装卸搬运、分拣包装、加工配送等专用物流装备和智能标签、跟踪追溯、路径优化等技术迅速推广。

基础设施网络日趋完善。截至 2013 年底，全国铁路营业里程 10.3 万公里，其中高速铁路 1.1 万公里；全国公路总里程达到 435.6 万公里，其中高速公路 10.45 万公里；内河航道通航里程 12.59 万公里，其中三级及以上高等级航道 1.02 万公里；全国港口拥有万吨级及以上泊位 2001 个，其中沿海港口 1607 个、内河港口 394 个；全国民用运输机场 193 个。2012 年全国营业性库房面积约 13 亿平方米，各种类型的物流园区 754 个。

发展环境不断优化。"十二五"规划纲要明确提出"大力发展现代物流业"。国务院印发《物流业调整和振兴规划》，并制定出台了促进物流业健康发展的政策措施。有关部门和地方政府出台了一系列专项规划和配套措施。社会物流统计制度日趋完善，标准化工作有序推进，人才培养工作进一步加强，物流科技、学术理论研究及产学研合作不断深入。

总体上看，我国物流业已步入转型升级的新阶段。但是，物流业发展总体水平还不高，发展方式比较粗放。主要表现为：一是物流成本高、效率低。2013 年全社会物流总费用与国内生产总值的比率高达 18%，高于发达国家水平 1 倍左右，也显著高于巴西、印度等发展中国家的水平。二是条块分割严重，阻碍物流业发展的体制机制障碍仍未打破。企业自营物流比重高，物流企业规模小，先进技术难以推广，物流标准难以统一，迂回运输、资源浪费的问题突出。三是基础设施相对滞后，不能满足现代物流发展的要求。现代化仓储、多式联运转运等设施仍显不足，布局合理、功能完善的物流园区体系尚未建立，高效、顺畅、便捷的综合交通运输网络尚不健全，物流基础设施之间不衔接、不配套问题比较突出。四是政策法规体系还不够完善，市场秩序不够规范。已经出台的一些政策措施有待进一步落实，一些地方针对物流企业的乱收费、乱罚款问题突出。信用体系建设滞后，物流业从业人员整体素质有待进一步提升。

（二）面临的形势。

当前，经济全球化趋势深入发展，网络信息技术革命带动新技术、新业态不断涌现，物流业发展面临的机遇与挑战并存。伴随全面深化改革，工业化、信息化、新型城镇化和农业现代化进程持续推进，产业结构调整和居民消费升级步伐不断加快，我国物流业发展空间越来越广阔。

物流需求快速增长。农业现代化对大宗农产品物流和鲜活农产品冷链物流的需求不断增长。新型工业化要求加快建立规模化、现代化的制造业物流服务体系。居民消费升级以及新型城镇化步伐加快，迫切需要建立更加完善、便捷、高效、安全的消费品物流配送体系。此外，电子商务、网络消费等新兴业态快速发展，快递物流等需求也将继续快速增长。

新技术、新管理不断出现。信息技术和供应链管理不断发展并在物流业得到广泛运用，为广大生产流通企业提供了越来越低成本、高效率、多样化、精益化的物流服务，推动制造业专注核心业务和商贸业优化内部分工，以新技术、新管理为核心的现代物流体系日益形成。随着城乡居民消费能力的增强和消费方式的逐步转变，全社会物流服务能力和效率持续提升，物流成本进一步降低、流通效率明显提高，物流业市场竞争加剧。

资源环境约束日益加强。随着社会物流规模的快速扩大、能源消耗和环境污染形势的加重、城市交通压力的加大，传统的物流运作模式已难以为继。按照建设生态文明的要求，必须加快运用先进运营管理理念，不断提高信息化、标准化和自动化水平，促进一体化运作和网络化经营，大力发展绿色物流，推动节能减排，切实降低能耗、减少排放、缓解交通压力。

国际竞争日趋激烈。随着国际产业转移步伐不断加快和服务贸易快速发展，全球采购、全球生产和全球销售的物流发展模式正在日益形成，迫切要求我国形成一批深入参与国际分工、具有国际竞争力的跨国物流企业，畅通与主要贸易伙伴、周边国家便捷高效的国际物流大通道，形成具有全球影响力的国际物流中心，以应对日益激烈的全球物流企业竞争。

二、总体要求

（一）指导思想。

以邓小平理论、"三个代表"重要思想、科学发展观为指导，深入贯彻党的十八大和十八届二中、三中全会精神，全面落实党中央、国务院各项决策部署，按照加快转变发展方式、建设生态文明的要求，适应信息技术发展的新趋势，以提高物流效率、降低物流成本、减轻资源和环境压力为重点，以市场为导向，以改革开放为动力，以先进技术为支撑，积极营造有利于现代物流业发展的政策环境，着力建立和完善现代物流服务体系，加快提升物流业发展水平，促进产业结构调整和经济提质增效升级，增强国民经济竞争力，为全面建成小康社会提供物流服务保障。

（二）主要原则。

市场运作，政府引导。使市场在资源配置中起决定性作用和更好发挥政府作用，强化企业的市场主体地位，积极发挥政府在战略、规划、政策、标准等方面的引导作用。

优化结构，提升水平。加快传统物流业转型升级，建立和完善社会化、专业化的物流服务体系，大力发展第三方物流。形成一批具有较强竞争力的现代物流企业，扭转"小、散、弱"的发展格局，提升产业规模和发展水平。

创新驱动，协同发展。加快关键技术装备的研发应用，提升物流业信息化和智能化水平，创新运作管理模式，提高供应链管理和物流服务水平，形成物流业与制造业、商贸业、金融业协同发展的新优势。

节能减排，绿色环保。鼓励采用节能环保的技术、装备，提高物流运作的组织化、网络化水平，降低物流业的总体能耗和污染物排放水平。

完善标准，提高效率。推动物流业技术标准体系建设，加强一体化运作，实现物流作业各环节、各种物流设施设备以及物流信息的衔接配套，促进物流服务体系高效运转。

深化改革，整合资源。深化物流业管理体制改革，进一步简政放权，打破行业、部门和地区分割，反对垄断和不正当竞争，统筹城市和乡村、国际和国内物流体系建设，建立有利于资源整合和优化配置的体制机制。

（三）发展目标。

到 2020 年，基本建立布局合理、技术先进、便捷高效、绿色环保、安全有序的现代物流服务体系。

物流的社会化、专业化水平进一步提升。物流业增加值年均增长 8% 左右，物流业增加值占国内生产总值的比重达到 7.5% 左右。第三方物流比重明显提高。新的物流装备、技术广泛应用。

物流企业竞争力显著增强。一体化运作、网络化经营能力进一步提高，信息化和供应链管理水平明显提升，形成一批具有国际竞争力的大型综合物流企

业集团和物流服务品牌。

物流基础设施及运作方式衔接更加顺畅。物流园区网络体系布局更加合理，多式联运、甩挂运输、共同配送等现代物流运作方式保持较快发展，物流集聚发展的效益进一步显现。

物流整体运行效率显著提高。全社会物流总费用与国内生产总值的比率由2013年的18%下降到16%左右，物流业对国民经济的支撑和保障能力进一步增强。

三、发展重点

（一）着力降低物流成本。

打破条块分割和地区封锁，减少行政干预，清理和废除妨碍全国统一市场和公平竞争的各种规定和做法，建立统一开放、竞争有序的全国物流服务市场。进一步优化通行环境，加强和规范收费公路管理，保障车辆便捷高效通行，积极采取有力措施，切实加大对公路乱收费、乱罚款的清理整顿力度，减少不必要的收费点，全面推进全国主要高速公路不停车收费系统建设。加快推进联通国内、国际主要经济区域的物流通道建设，大力发展多式联运，努力形成京沪、京广、欧亚大陆桥、中欧铁路大通道、长江黄金水道等若干条货畅其流、经济便捷的跨区域物流大通道。

（二）着力提升物流企业规模化、集约化水平。

鼓励物流企业通过参股控股、兼并重组、协作联盟等方式做大做强，形成一批技术水平先进、主营业务突出、核心竞争力强的大型现代物流企业集团，通过规模化经营提高物流服务的一体化、网络化水平，形成大小物流企业共同发展的良好态势。鼓励运输、仓储等传统物流企业向上下游延伸服务，推进物流业与其他产业互动融合，协同发展。鼓励物流企业与制造企业深化战略合作，建立与新型工业化发展相适应的制造业物流服务体系，形成一批具有全球采购、全球配送能力的供应链服务商。鼓励商贸物流企业提高配送的规模化和协同化水平，加快电子商务物流发展，建立快速便捷的城乡配送物流体系。支持快递业整合资源，与民航、铁路、公路等运输行业联动发展，加快形成一批具有国际竞争力的大型快递企业，构建覆盖城乡的快递物流服务体系。支持航空货运企业兼并重组、做强做大，提高物流综合服务能力。充分发挥邮政的网络、信息和服务优势，深入推动邮政与电子商务企业的战略合作，发展电商小包等新型邮政业务。进一步完善邮政基础设施网络，鼓励各地邮政企业因地制宜地发展农村邮政物流服务，推动农资下乡和农产品进城。

（三）着力加强物流基础设施网络建设。

推进综合交通运输体系建设，合理规划布局物流基础设施，完善综合运输通道和交通枢纽节点布局，构建便捷、高效的物流基础设施网络，促进多种运输方式顺畅衔接和高效中转，提升物流体系综合能力。优化航空货运网络布局，加快国内航空货运转运中心、连接国际重要航空货运中心的大型货运枢纽建设。推进"港站一体化"，实现铁路货运站与港口码头无缝衔接。完善物流转运设施，提高货物换装的便捷性和兼容性。加快煤炭外运、"北粮南运"、粮食仓储等重要基础设施建设，解决突出的运输"卡脖子"问题。加强物流园区规划布局，进一步明确功能定位，整合和规范现有园区，节约、集约用地，提高资源利用效率和管理水平。在大中城市和制造业基地周边加强现代化配送中心规划，在城市社区和村镇布局建设共同配送末端网点，优化城市商业区和大型社区物流基础设施的布局建设，形成层级合理、规模适当、需求匹配的物流仓储配送网络。进一步完善应急物流基础设施，积极有效应对突发自然灾害、公共卫生事件以及重大安全事故。

四、主要任务

（一）大力提升物流社会化、专业化水平。

鼓励制造企业分离外包物流业务，促进企业内部物流需求社会化。优化制造业、商贸业集聚区物流资源配置，构建中小微企业公共物流服务平台，提供社会化物流服务。着力发展第三方物流，引导传统仓储、运输、国际货代、快递等企业采用现代物流管理理念和技术装备，提高服务能力；支持从制造企业内部剥离出来的物流企业发挥专业化、精益化服务优势，积极为社会提供公共物流服务。鼓励物流企业功能整合和业务创新，不断提升专业化服务水平，积极发展定制化物流服务，满足日益增长的个性化物流需求。进一步优化物流组织模式，积极发展共同配送、统一配送，提高多式联运比重。

（二）进一步加强物流信息化建设。

加强北斗导航、物联网、云计算、大数据、移动互联等先进信息技术在物流领域的应用。加快企业物流信息系统建设，发挥核心物流企业整合能力，打通物流信息链，实现物流信息全程可追踪。加快物流公共信息平台建设，积极推进全社会物流信息资源的开发利用，支持运输配载、跟踪追溯、库存监控等有实际需求、具备可持续发展前景的物流信息平台发展，鼓励各类平台创新运营服务模式。进一步推进交通运输物流公共信息平台发展，整合铁路、公路、水路、民航、邮政、海关、检验检疫等信息资源，促进物流信息与公共服务信息有效对接，鼓励区域间和行业内的物流平台信息共享，实现互联互通。

（三）推进物流技术装备现代化。

加强物流核心技术和装备研发，推动关键技术装备产业化，鼓励物流企业采用先进适用技术和装备。加快食品冷链、医药、烟草、机械、汽车、干散货、危险化学品等专业物流装备的研发，提升物流装备的专业化水平。积极发展标准化、厢式化、专业化的公路货运车辆，逐步淘汰栏板式货车。推广铁路重载运输技术装备，积极发展铁路特种、专用货车以及高铁快件等运输技术装备，加强物流安全检测技术与装备的研发和推广应用。吸收引进国际先进物流技术，提高物流技术自主创新能力。

（四）加强物流标准化建设。

加紧编制并组织实施物流标准中长期规划，完善物流标准体系。按照重点突出、结构合理、层次分明、科学适用、基本满足发展需要的要求，完善国家物流标准体系框架，加强通用基础类、公共类、服务类及专业类物流标准的制定工作，形成一批对全国物流业发展和服务水平提升有重大促进作用的物流标准。注重物流标准与其他产业标准以及国际物流标准的衔接，科学划分推荐性和强制性物流标准，加大物流标准的实施力度，努力提升物流服务、物流枢纽、物流设施设备的标准化运作水平。调动企业在标准制修订工作中的积极性，推进重点物流企业参与专业领域物流技术标准和管理标准的制定和标准化试点工作。加强物流标准的培训宣传和推广应用。

（五）推进区域物流协调发展。

落实国家区域发展整体战略和产业布局调整优化的要求，继续发挥全国性物流节点城市和区域性物流节点城市的辐射带动作用，推动区域物流协调发展。按照建设丝绸之路经济带、海上丝绸之路、长江经济带等重大战略规划要求，加快推进重点物流区域和联通国际国内的物流通道建设，重点打造面向中亚、南亚、西亚的战略物流枢纽及面向东盟的陆海联运、江海联运节点和重要航空港，建立省际和跨国合作机制，促进物流基础设施互联互通和信息资源共享。东部地区要适应居民消费加快升级、制造业转型、内外贸一体化的趋势，进一步提升商贸物流、制造业物流和国际物流的服务能力，探索国际国内物流一体化运作模式。按照推动京津冀协同发展、环渤海区域合作和发展等要求，加快商贸物流业一体化进程。中部地区要发挥承东启西、贯通南北的区位优势，加强与沿海、沿边地区合作，加快陆港、航空口岸建设，构建服务于产业转移、资源输送和南北区域合作的物流通道和枢纽。西部地区要结合推进丝绸之路经济带建设，打造物流通道，改善区域物流条件，积极发展具有特色优势的农产品、矿产品等大宗商品物流产业。东北地区要加快构建东北亚沿边物流带，形成面向俄罗斯、连接东北亚及欧洲的物流大通道，重点推进制造业物流和粮食等大宗资源型商品物流发展。物流节点城市是区域物流发展的重要枢纽，要根据产业特点、发展水平、设施状况、市场需求、功能定位等，加强物流基础设施的规划布局，改善产业发展环境。

（六）积极推动国际物流发展。

加强枢纽港口、机场、铁路、公路等各类口岸物流基础设施建设。以重点开发开放试验区为先导，结合发展边境贸易，加强与周边国家和地区的跨境物流体系和走廊建设，加快物流基础设施互联互通，形成一批国际货运枢纽，增强进出口货物集散能力。加强境内外口岸、内陆与沿海、沿边口岸的战略合作，推动海关特殊监管区域、国际陆港、口岸等协调发展，提高国际物流便利化水平。建立口岸物流联检联动机制，进一步提高通关效率。积极构建服务于全球贸易和营销网络、跨境电子商务的物流支撑体系，为国内企业"走出去"和开展全球业务提供物流服务保障。支持优势物流企业加强联合，构建国际物流服务网络，打造具有国际竞争力的跨国物流企业。

（七）大力发展绿色物流。

优化运输结构，合理配置各类运输方式，提高铁路和水路运输比重，促进节能减排。大力发展甩挂运输、共同配送、统一配送等先进的物流组织模式，提高储运工具的信息化水平，减少返空、迂回运输。鼓励采用低能耗、低排放运输工具和节能型绿色仓储设施，推广集装单元化技术。借鉴国际先进经验，完善能耗和排放监测、检测认证制度，加快建立绿色物流评估标准和认证体系。加强危险品水运管理，最大限度减少环境事故。鼓励包装重复使用和回收再利用，提高托盘等标准化器具和包装物的循环利用水平，构建低环境负荷的循环物流系统。大力发展回收物流，鼓励生产者、再生资源回收利用企业联合开展废旧产品回收。推广应用铁路散堆装货物运输抑尘技术。

五、重点工程

（一）多式联运工程。

加快多式联运设施建设，构建能力匹配的集疏运通道，配备现代化的中转设施，建立多式联运信息平台。完善港口的铁路、公路集疏运设施，提升临港铁路场站和港站后方通道能力。推进铁路专用线建设，发挥铁路集装箱中心站作用，推进内陆城市和港口的集装箱场站建设。构建与铁路、机场和公路货运站能力匹配的公路集疏运网络系统。发展海铁联运、铁水联运、公铁联运、陆空联运，加快推进大宗散货水铁联运、集装箱多式联运，积极发展干支直达和江海直达等船舶运输组织方式，探索构建以半挂车为标准荷载单元的铁路驮背运输、水路滚装运输等多式联运体系。

（二）物流园区工程。

在严格符合土地利用总体规划、城市总体规划的前提下，按照节约、集约用地的原则，在重要的物流节点城市加快整合与合理布局物流园区，推进物流园区水、电、路、通讯设施和多式联运设施建设，加快现代化立体仓库和信息平台建设，完善周边公路、铁路配套，推广使用甩挂运输等先进运输方式和智能化管理技术，完善物流园区管理体制，提升管理和服务水平。结合区位特点和物流需求，发展货运枢纽型、生产服务型、商贸服务型、口岸服务型和综合服务型物流园区，以及农产品、农资、钢铁、煤炭、汽车、医药、出版物、冷链、危险货物运输、快递等专业类物流园区，发挥物流园区的示范带动作用。

（三）农产品物流工程。

加大粮食仓储设施建设和维修改造力度，满足粮食收储需要。引进先进粮食仓储设备和技术，切实改善粮食仓储条件。积极推进粮食现代物流设施建设，发展粮食储、运、装、卸"四散化"和多式联运，开通从东北入关的铁路散粮列车和散粮集装箱班列，加强粮食产区的收纳和发放设施、南方销区的铁路和港口散粮接卸设施建设，解决"北粮南运"运输"卡脖子"问题。推进棉花运输装卸机械化、仓储现代化、管理信息化，加强主要产销区的物流节点及铁路专用线建设，支持企业开展纺织配棉配送服务。加强"南糖北运"及产地的运输、仓储等物流设施建设。加强鲜活农产品冷链物流设施建设，支持"南菜北运"和大宗鲜活农产品产地预冷、初加工、冷藏保鲜、冷链运输等设施设备建设，形成重点品种农产品物流集散中心，提升批发市场等重要节点的冷链设施水平，完善冷链物流网络。

（四）制造业物流与供应链管理工程。

支持建设与制造业企业紧密配套、有效衔接的仓储配送设施和物流信息平台，鼓励各类产业聚集区域和功能区配套建设公共外仓，引进第三方物流企业。鼓励传统运输、仓储企业向供应链上下游延伸服务，建设第三方供应链管理平台，为制造业企业提供供应链计划、采购物流、入厂物流、交付物流、回收物流、供应链金融以及信息追溯等集成服务。加快发展具有供应链设计、咨询管理能力的专业物流企业，着力提升面向制造业企业的供应链管理服务水平。

（五）资源型产品物流工程。

依托煤炭、石油、铁矿石等重要产品的生产基地和市场，加快资源型产品物流集散中心和物流通道建设。推进晋陕蒙（西）宁甘、内蒙古东部、新疆等煤炭外运重点通道建设，重点建设环渤海等大型煤炭储配基地和重点煤炭物流节点。统筹油气进口运输通道和国内储运体系建设，加快跨区域、与周边国家和地区紧密连接的油气运输通道建设，加强油气码头建设，鼓励发展油船、液化天然气船，加强铁矿石等重要矿产品港口（口岸）物流设施建设。

（六）城乡物流配送工程。

加快完善城乡配送网络体系，统筹规划、合理布局物流园区、配送中心、末端配送网点等三级配送节点，搭建城市配送公共服务平台，积极推进县、乡、村消费品和农资配送网络体系建设。进一步发挥邮政及供销合作社的网络和服务优势，加强农村邮政网点、村邮站、"三农"服务站等邮政终端设施建设，促进农村地区商品的双向流通。推进城市绿色货运配送体系建设，完善城市配送车辆标准和通行管控措施，鼓励节能环保车辆在城市配送中的推广应用。加快现代物流示范城市的配送体系发展，建设服务连锁经营企业和网络销售企业的跨区域配送中心。发展智能物流基础设施，支持农村、社区、学校的物流快递公共取送点建设。鼓励交通、邮政、商贸、供销、出版物销售等开展联盟合作，整合利用现有物流资源，进一步完善存储、转运、停靠、卸货等基础设施，加强服务网络建设，提高共同配送能力。

（七）电子商务物流工程。

适应电子商务快速发展需求，编制全国电子商务物流发展规划，结合国家电子商务示范城市、示范基地、物流园区、商业设施等建设，整合配送资源，构建电子商务物流服务平台和配送网络。建成一批区域性仓储配送基地，吸引制造商、电商、快递和零担物流公司、第三方服务公司入驻，提高物流配送效率和专业化服务水平。探索利用高铁资源，发展高铁快件运输。结合推进跨境贸易电子商务试点，完善一批快递转运中心。

（八）物流标准化工程。

重点推进物流技术、信息、服务、运输、货代、仓储、粮食等农产品及加工食品、医药、汽车、家电、电子商务、邮政（含快递）、冷链、应急等物流标准的制修订工作，积极着手开展钢铁、机械、煤炭、铁矿石、石油石化、建材、棉花等大宗产品物流标准的研究制订工作。支持仓储和转运设施、运输工具、停靠和卸货站点的标准化建设和改造，制定公路货运标准化电子货单，推广托盘、集装箱、集装袋等标准化设施设备，建立全国托盘共用体系，推进管理软件接口标准化，全面推广甩挂运输试点经验。开展物流服务认证试点工作，推进物流领域检验检测体系建设，支持物流企业开展质量、环境和职业健康安全管理体系认证。

（九）物流信息平台工程。

整合现有物流信息服务平台资源，形成跨行业和区域的智能物流信息公共服务平台。加强综合运输信息、物流资源交易、电子口岸和大宗商品交易等平台建设，促进各类平台之间的互联互通和信息共享。鼓励龙头物流企业搭建面向中小物流企业的物流信息服务平台，促进货源、车源和物流服务等信息的高效匹配，有效降低货车空驶率。以统一物品编码体系为依托，建设衔接企业、消费者与政府部门的第三方公共服务平台，提供物流信息标准查询、对接服务。建设智能物流信息平台，形成集物流信息发布、在线交易、数据交换、跟踪追溯、智能分析等功能为一体的物流信息服务中心。加快推进国家交通运输物流公共信息平台建设，依托东北亚物流信息服务网络等已有平台，开展物流信息化国际合作。

（十）物流新技术开发应用工程。

支持货物跟踪定位、无线射频识别、可视化技术、移动信息服务、智能交通和位置服务等关键技术攻关，研发推广高性能货物搬运设备和快速分拣技术，加强沿海和内河船型、商用车运输等重要运输技术的研发应用。完善物品编码体系，推动条码和智能标签等标识技术、自动识别技术以及电子数据交换技术的广泛应用。推广物流信息编码、物流信息采集、物流载体跟踪、自动化控制、管理决策支持、信息交换与共享等领域的物流信息技术。鼓励新一代移动通信、道路交通信息通讯系统、自动导引车辆、不停车收费系统以及托盘等集装单元化技术普及。推动北斗导航、物联网、云计算、大数据、移动互联等技术在产品可追溯、在线调度管理、全自动物流配送、智能配货等领域的应用。

（十一）再生资源回收物流工程。

加快建立再生资源回收物流体系，重点推动包装物、废旧电器电子产品等生活废弃物和报废工程机械、农作物秸秆、消费品加工中产生的边角废料等有使用价值废弃物的回收物流发展。加大废弃物回收物流处理设施的投资力度，加快建设一批回收物流中心，提高回收物品的收集、分拣、加工、搬运、仓储、包装、维修等管理水平，实现废弃物的妥善处置、循环利用、无害环保。

（十二）应急物流工程。

建立统一协调、反应迅捷、运行有序、高效可靠的应急物流体系，建设集满足多种应急需要为一体的物流中心，形成一批具有较强应急物流运作能力的骨干物流企业。加强应急仓储、中转、配送设施建设，提升应急物流设施设备的标准化和现代化水平，提高应急物流效率和应急保障能力。建立和完善应急物流信息系统，规范协调调度程序，优化信息流程、业务流程和管理流程，推进应急生产、流通、储备、运输环节的信息化建设和应急信息交换、数据共享。

六、保障措施

（一）深化改革开放。

加快推进物流管理体制改革，完善各层级的物流政策综合协调机制，进一步发挥全国现代物流工作部际联席会议作用。按照简政放权、深化行政审批制度改革的要求，建立公平透明的市场准入标准，进一步放宽对物流企业资质的行政许可和审批条件，改进审批管理方式。落实物流企业设立非法人分支机构的相关政策，鼓励物流企业开展跨区域网络化经营。引导企业改革"大而全"、"小而全"的物流运作模式，制定支持企业分离外包物流业务和加快发展第三方物流的措施，充分整合利用社会物流资源，提高规模化水平。加强与主要贸易对象国及台港澳等地区的政策协调和物流合作，推动国内物流企业与国际先进物流企业合作交流，支持物流企业"走出去"。做好物流业外资并购安全审查工作，扩大商贸物流、电子商务领域的对外开放。

（二）完善法规制度。

尽快从国民经济行业分类、产业统计、工商注册及税目设立等方面明确物流业类别，进一步明确物流业的产业地位。健全物流业法律法规体系，抓紧研究制修订物流业安全监管、交通运输管理和仓储管理等相关法律法规或部门规章，开展综合性法律的立法准备工作，在此基础上择机研究制订物流业促进方面的法律法规。

（三）规范市场秩序。

加强对物流市场的监督管理，完善物流企业和从业人员信用记录，纳入国家统一的信用信息平台。增强企业诚信意识，建立跨地区、跨行业的联合惩戒机制，加大对失信行为的惩戒力度。加强物流信息安全管理，禁止泄露转卖客户信息。加强物流服务质量满意度监测，开展安全、诚信、优质服务创建活动。鼓励企业整合资源、加强协作，提高物流市场集中度和集约化运作水平，减少低水平无序竞争。加强对物流业市场竞争行为的监督检查，依法查处不正当竞争和垄断行为。

（四）加强安全监管。

加强对物流企业的安全管理，督促物流企业切实履行安全主体责任，严格执行国家强制标准，保证运输装备产品的一致性。加强对物流车辆和设施设备的检验检测，确保车辆安全性符合国家规定、设施设备处于良好状态。禁止超载运输，规范超限运输。危险货物运输要强化企业经理人员安全管理职责和车辆动态监控。加大安全生产经费投入，及时排查整改安全隐患。加大物流业贯彻落实国家信息安全等级保护制度力度，按照国家信息安全等级保护管理规范和技术标准要求同步实施物流信息平台安全建设，提高网络安全保障能力。建立健全物流安全监管信息共享机制，物流信息平台及物流企业信息系统要按照统一技术标准建设共享信息的技术接口。道路、铁路、民航、航运、邮政部门要进一步规范货物收运、收寄流程，进一步落实货物安全检查责任，采取严格的货物安全检查措施并增加开箱检查频次，加大对瞒报货物品名行为的查处力度，严防普通货物中夹带违禁品和危险品。推广使用技术手段对集装箱和货运物品进行探测查验，提高对违禁品和危险品的发现能力。加大宣传教育力度，曝光违法违规托运和夹带违禁品、危险品的典型案件和查处结果，增强公众守法意识。

（五）完善扶持政策。

加大土地等政策支持力度，着力降低物流成本。落实和完善支持物流业发展的用地政策，依法供应物流用地，积极支持利用工业企业旧厂房、仓库和存量土地资源建设物流设施或者提供物流服务，涉及原划拨土地使用权转让或者租赁的，应按规定办理土地有偿使用手续。认真落实物流业相关税收优惠政策。研究完善支持物流企业做强做大的扶持政策，培育一批网络化、规模化发展的大型物流企业。严格执行鲜活农产品运输"绿色通道"政策。研究配送车辆进入城区作业的相关政策，完善城市配送车辆通行管控措施。完善物流标准化工作体系，建立相关部门、行业组织和标准技术归口单位的协调沟通机制。

（六）拓宽投资融资渠道。

多渠道增加对物流业的投入，鼓励民间资本进入物流领域。引导银行业金融机构加大对物流企业的信贷支持，针对物流企业特点推动金融产品创新，推动发展新型融资方式，为物流业发展提供更便利的融资服务。支持符合条件的物流企业通过发行公司债券、非金融企业债务融资工具、企业债券和上市等多种方式拓宽融资渠道。继续通过政府投资对物流业重点领域和薄弱环节予以支持。

（七）加强统计工作。

提高物流业统计工作水平，明确物流业统计的基本概念，强化物流统计理论和方法研究，科学划分物流业统计的行业类别，完善物流业统计制度和评价指标体系，促进物流统计台账和会计核算科目建设，做好社会物流总额和社会物流成本等指标的调查统计工作，及时准确反映物流业的发展规模和运行效率；构建组织体系完善、调查方法科学、技术手段先进、队伍素质优良的现代物流统计体系，推动各省（区、市）全面开展物流统计工作，进一步提高物流统计数据质量和工作水平，为政府宏观管理和企业经营决策提供参考依据。

（八）强化理论研究和人才培养。

加强物流领域理论研究，完善我国现代物流业理论体系，积极推进产学研用结合。着力完善物流学科体系和专业人才培养体系，以提高实践能力为重点，按照现代职业教育体系建设要求，探索形成高等学校、中等职业学校与有关部门、科研院所、行业协会和企业联合培养人才的新模式。完善在职人员培训体系，鼓励培养物流业高层次经营管理人才，积极开展职业培训，提高物流业从业人员业务素质。

（九）发挥行业协会作用。

要更好地发挥行业协会的桥梁和纽带作用，做好调查研究、技术推广、标准制订和宣传推广、信息统计、咨询服务、人才培养、理论研究、国际合作等方面的工作。鼓励行业协会健全和完善各项行业基础性工作，积极推动行业规范自律和诚信体系建设，推动行业健康发展。

七、组织实施

各地区、各部门要充分认识促进物流业健康发展的重大意义，采取有力措施，确保各项政策落到实处、见到实效。地方各级人民政府要加强组织领导，完善协调机制，结合本地实际抓紧制定具体落实方案，及时将实施过程中出现的新情况、新问题报送发展改革委和交通运输部、商务部等有关部门。国务院各有关部门要加强沟通，密切配合，根据职责分工完善各项配套政策措施。发展改革委要加强统筹协调，会同有关部门研究制定促进物流业发展三年行动计划，明确工作安排及时间进度，并做好督促检查和跟踪分析，重大问题及时报告。

参考文献

边汉坤. 航运金融发展的借鉴与思考——以天津市为例 [J]. 华北金融, 2014 (6)：67－68.

陈虹, 赵东华. 从德国内河航运发展论上海内河航运发展 [J]. 交通建设与管理, 2008 (9)：36－41.

董岗. 伦敦国际航运中心和英国航运业的动态演变规律研究 [J]. 水运工程, 2009 (12)：17－23

段峰. 青岛港竞争力分析 [D]. 天津：天津大学, 2005.

方修宁. 上海国际航运中心港口布局规划 [D]. 武汉：武汉理工大学, 2003.

高洁, 真虹. 上海国际航运中心人才集聚水平综合评价 [J]. 上海海事大学学报, 2009 (4)：46－51.

韩增林. 集装箱港口运输体系的形成机制与布局研究 [D]. 长春：东北师范大学, 2003.

何力. 上海国际航运中心建设与海关国际合作法律问题 [J]. 上海海关学院学报, 2009 (2)：6－10.

贺晓春, 黄勤. 内河航运开发的国际经验与四川的战略选择 [J]. 水运工程, 2009 (2)：36－41.

蒋惠园, 李振兴, 田小勇. 武汉长江中游航运中心扩散域内主要港口优先发展领域分析 [J]. 水运管理, 2012 (4)：25－28.

李俊军. "区港互动" 为上海国际航运中心筑底提速 [J]. 中国港口, 2004 (10)：18－19.

梁叶. 航运保险在建设上海国际航运中心的重要性 [J]. 经济研究导刊, 2010 (11)：94－95.

刘志强, 宋炳良. 港口与产业集群 [J]. 上海海事大学学报, 2004 (4)：22－26.

潘同浩. 武汉航运中心发展路径及作用机理研究 [D]. 武汉：武汉理工大学, 2013.

荣朝和. 论现代经济运行中的物流问题 [J]. 经济问题, 1993 (2)：13－17.

宋春雪. 弥补航运人才缺口，助力上海国际航运中心发展 [J]. 出国与就业，2011 (13)：85.

孙光圻，刘洋. 现代港口发展趋势与"第四代港口"新概念 [J]. 中国港口，2005 (6)：16—21.

吴文斌. 发展航运金融推动上海国际航运中心建设的思考 [J]. 江西金融职工大学学报，2010 (2)：42—48.

吴向阳. 上海国际航运中心软环境建设问题研究 [J]. 现代商贸工业，2011 (4)：5—7.

谢永琴. 产业集群与区域经济发展 [J]. 经济师，2005 (7)：258—259.

徐杏. 上海国际航运中心的竞争优势分析 [D]. 开封：河海大学，2003.

杨建勇. 现代港口发展的理论与实践研究 [D]. 上海：上海海事大学，2005.

于敏，牛文彬. 内河港口建设及发展模式研究 [J]. 江苏商论，2012 (3)：57—59.

张炳汉. 建设第三代港口实现跳跃式发展 [J]. 中国港口，2004 (1)：10—12.

周桃燕. 发展我国保险经纪人的对策研究——加强上海国际航运中心"软环境"建设 [J]. 经营管理者，2010 (9)：47.

Leonardo J Basso，Sergio R Jara—Díaz. Are Returns to Scale with Variable Network Size Adequate for Transport Industry Structure Analysis [J]. Transportation Science，2006，40 (3)：259.

Kenneth Button，Junyang Yuan. Airfreight Transport and Economic Development：An Examination of Causality [J]. Urban Studies，2013，50 (2)：329—340.

Masahisa Fujita. Thünen and the New Economic Geography [J]. Regional Science and Urban Economics，2012，42 (6)：907—912.